# HAPPY HOUR É NA SEGUNDA

Happy hour é na segunda



1ª edição: Novembro 2025



**Autor:**
Clóvis de Barros Filho

**Revisão:**
3GB Comunicação
Daniela Georgeto

**Projeto gráfico e diagramação:**
Gabriel Silva

**Capa:**
Rafael Brum

**Ilustração de capa:**
Raul Vilela

**Impressão:**
Plena Print

**DADOS INTERNACIONAIS DE CATALOGAÇÃO NA PUBLICAÇÃO (CIP)**

Barros Filho, Clóvis de
Happy hour é na segunda : porque na sexta fica tarde demais / Clóvis de Barros Filho. — Porto Alegre : Citadel, 2025.
240 p.

ISBN 978-65-5047-687-8

1. Desenvolvimento profissional 2. Desenvolvimento pessoal
I. Título

25-4738 CDD 158.1

Angélica Ilacqua – Bibliotecária – CRB-8/7057

**Produção editorial e distribuição:**

CITADEL Grupo Editorial
contato@citadel.com.br
www.citadel.com.br

Clóvis de Barros Filho

# HAPPY HOUR É NA SEGUNDA

Porque na sexta fica tarde demais

CITADEL
Grupo Editorial
2025

# SUMÁRIO


**Prefácio** 7

**Uma introdução**. Tudo começa na *call* 11

**1.** Na cama ou na banheira? 18

**2.** Chineses não se orientam 26

**3.** Gente esquisita essa! 35

**4.** Pizza na retranca 43

**5.** Porta *x* porta 49

**6.** E com chumbo dentro 57

**7.** Meu pai tem helicóptero 63

**8.** O filho do dono 71

**9.** Largar o osso, nem pensar! 77

**10.** Inteligente ou eu? 83

**11.** Falta brio! Com certeza 93

**12.** Finório, Olegário e o matrimônio alegre 100

**13.** Assim é moleza. Até eu 107

**14.** Mérito sob medida 114

**15.** O fim da fila é l'atrás! Mané! 119

**16.** Richard e o Diamante Negro 125

**17.** A libido dos engavetados 134

**18.** Cinquenta anos em cinco 141

**19.** Culturas de autoestima claudicante 149

**20.** Aspargos com geleia 156

**21.** Advérbio não é adjetivo 163
**22.** Lua de mel entupida 171
**23.** Cabecinha e cabeção 177
**24.** Me dê motivo! 186
**25.** Ressentidos x Integrados 193
**26.** Fogo nos colchões 199
**27.** Esperança x Tristeza 205
**28.** Para mudar o mundo basta existir 215
**29.** Gilfrásia entre fortes, moedas e nerdocas 223
**30.** Puxadinho capitular 231

# PREFÁCIO

Tenho profundo respeito e admiração pelo professor Clóvis de Barros Filho. São muitos os elementos que me conectam a ele. Há não muito tempo descobri que o professor foi atleta de natação, competiu na categoria de base, e isso por si só já cria uma ponte entre nós. Ele também foi professor, algo que carrego como uma das maiores vocações que alguém pode ter. E mais do que isso, foi professor na UniSantos, em Santos, cidade onde construí boa parte da minha própria história. Quando ele fala das histórias com o pai, da convivência e dos aprendizados, é impossível não sentir identificação. Há ali um retrato humano, real, que vai muito além da teoria, e é exatamente esse traço que o torna tão singular.

Conheci o professor Clóvis na internet, como milhões de pessoas. Um dos vídeos mais marcantes foi o famoso discurso sobre o brio. Aquela fala viralizou, mas mais do que um conteúdo, foi uma aula sobre dignidade, honra e propósito. Aquilo me fez mergulhar mais fundo em quem era o homem por trás das palavras. Descobri um pensador inquieto, autor de diversos livros, mas principalmente um provocador de consciências. Alguém que não apenas fala sobre ética, mas a vive.

Como todo filósofo autêntico, Clóvis é mestre em provocar reflexões. Ética, moral, felicidade, sucesso, essência, sentido da vida, são temas que ele não apenas explica, mas desbrava. A maneira como ele questiona o óbvio é o que o torna tão necessário num tempo em que as pessoas confundem opinião com pensamento. Ele nos obriga a parar, respirar e considerar que talvez o mundo e nós precisemos de mais profundidade.

Chega um momento da vida em que todos nós nos perguntamos por que fazemos o que fazemos, como devemos agir diante das situações que o trabalho e a convivência nos impõem, de onde vem o que acreditamos, o que significa viver bem. São questões que ultrapassam o campo da filosofia e tocam o íntimo. Este livro nasce desse lugar. É uma tentativa elegante e honesta de colocar o leitor diante de si mesmo, com as lentes da ética e o espelho da consciência.

Trabalho com pessoas. Todos os dias, no mundo presencial e digital, lidando com dúvidas humanas e universais. Perguntas sobre propósito, sobre o valor do trabalho, sobre felicidade, descanso, tempo, sucesso, chefes, empresas, prazos e recompensas. As pessoas querem entender o que realmente importa. E este livro é, de certa forma, uma conversa sobre tudo isso. É uma mesa de reflexão sobre a vida, o trabalho e o significado das nossas escolhas.

O texto de Clóvis é uma aula disfarçada de diálogo. Ele nos pega pela mão, como faz um bom professor, e nos leva a enxergar o que sempre esteve diante de nós, mas que não víamos. Há ironia, humor e lucidez. Há um olhar que atravessa o cotidiano e o revela como território da filosofia. Ele transforma uma simples conversa de call em metáfora para a busca humana por sentido. E faz da segunda-feira, símbolo do recomeço e do trabalho, o palco da felicidade possível.

Cada capítulo é uma provocação. Ele fala de cultura, mas está falando de valores. Fala de empresas, mas está falando de pessoas. Fala de meritocracia, mas está falando de justiça. O livro inteiro é um convite à responsabilidade de pensar melhor, sentir mais e agir com coerência. Ao ler, é impossível não se identificar em algum trecho, rir de si mesmo, lembrar de uma conversa, de um chefe, de uma escolha. Clóvis tem o dom raro de fazer filosofia com sotaque humano.

Tenho certeza de que este livro vai abrir novos horizontes. Ele amplia a visão, desloca crenças, desconstrói certezas. Depois dele, o leitor não será mais o mesmo, e talvez esse seja o maior mérito de uma boa obra: provocar transformação sem precisar mandar, ensinar sem precisar impor e inspirar sem precisar gritar.

Escrever este prefácio é um privilégio. Estar aqui apresentando um autor que admiro e um pensador que respeito é motivo de gratidão e honra. A leitura que você tem nas mãos é um presente. Aproveite cada linha, cada história, cada provocação.

E sem a menor dúvida, o professor Clóvis tem razão: happy hour é na segunda-feira.

**Joel Jota**

*Empresário, investidor e escritor best-seller*

Uma introdução

# TUDO COMEÇA NA *CALL*

Quando um cliente procura meu escritório, o Espaço Ética, para solicitar palestra, agendamos, dias antes, uma chamada de vídeo para alinhar expectativas. Ele a chama de "call". Embora tenhamos tradução imediata em português, "chamada", o uso do termo em idioma estrangeiro é unânime.

Cabe sempre ao cliente definir a plataforma que dará abrigo à reunião. O momento de ingresso nesse espaço virtual é sempre um pouco tenso. Cada plataforma tem suas peculiaridades. E nem sempre os artefatos técnicos estão de bom humor.

Sem falar da minha imensa ignorância quanto aos meandros e sutilezas do uso dessas ferramentas. O certo é que tudo pode acontecer. Até mesmo tudo dar certo.

Essas reuniões costumam ser muito amistosas e simpáticas. Quase todos os que são escolhidos para participar revelam conhecimento prévio do meu trabalho. E grande apreço também.

Nada muito surpreendente. E não pense que estou me achando. É que a oferta de palestrantes em nosso mercado de eventos é mais que abundante, e a escolha do palestrante poderia ter recaído sobre qualquer um dos excelentes profissionais que, com sucesso, oferecem seus préstimos.

* * *

Vencida essa fase laudatória, composta por elogios e gentilezas de parte a parte, o cliente apresenta o que julga serem os principais atributos da empresa ou organização contratante.

Esse momento do encontro é muito importante para mim. Não só pelas informações selecionadas para compor aquele relato, mas também pelas ênfases neste ou naquele aspecto. São detalhes aparentes, mas de grande valia para identificar o que realmente tem valor para todos ali dentro.

Na sequência, o contratante fala especificamente sobre o evento. Sua recorrência, tempo de duração e a posição da minha palestra em relação às demais atividades. É muito comum que esse último ponto seja bem enfatizado. Os termos "abertura" e "fechamento" são mencionados várias vezes – e "com a boca cheia".

* * *

Finalmente chegamos ao ponto central da reunião: o conteúdo do que devo dizer.

O cliente raramente escolhe um dos temas sugeridos em meu site. O mais frequente é solicitar a abordagem de dois ou mais temas na mesma palestra. Essa iniciativa parece alinhada a uma orientação mais ampla para a aquisição de produtos e serviços. Gestão eficaz é assim mesmo.

– Professor, gostaríamos que falasse sobre inovação, mas também sobre ética. É possível?

– Dá pra falar sobre qualidade de vida, mas também sobre felicidade no trabalho?

– Queremos ouvir suas considerações sobre resiliência, mas também sobre excelência e resultado. Será que cabe no tempo da palestra?

Não raro, o pedido é ainda mais ambicioso. Alguns clientes afirmam que seria maravilhoso se a palestra desse conta de todos os conteúdos do portfólio.

– Professor, não dá pra fazer um mix? Falar de tudo um pouco? Juntar todos esses conteúdos numa palestra só?

Embora sempre faça o possível para atender ao pedido, costumo ponderar que a pluralidade de temas em uma hora de palestra poderia suscitar mais confusão do que esclarecimento.

Antes de concluir a reunião e pôr fim à "call", sempre pergunto qual é a mensagem que não pode faltar. Sobre o que exatamente querem que eu fale. Qual é a ideia central que precisa ser tratada de qualquer jeito.

Nesse momento, quem toma a palavra é o verdadeiro responsável por aquele encontro. É ele que sabe das coisas e tem claro o que precisa mesmo ser dito e ouvido.

Curiosamente, a resposta dada nesse momento da reunião não tem necessariamente vínculo imediato com o tema previamente acordado. De modo que, se eu não tivesse tido a cautela de explicitar o teor da verdadeira demanda, poderia dar um tiro n'água.

* * *

O leitor pode estar se perguntando o que tudo isso tem a ver com o livro que está lendo.

Ora, o que expliquei até aqui é justamente a origem desta iniciativa editorial. Os temas tratados são exatamente esses últimos. Os que realmente inquietam meus contratantes; aqueles que precisavam ser apresentados de qualquer jeito; as mensagens que não poderiam ficar de fora de jeito nenhum.

Graças à iniciativa da Citadel, a editora do livro, e de seu fundador, Marcial, animei-me em fazer dessas demandas um curso e um livro.

Inicialmente, foram gravadas 20 videoaulas, com duração entre 15 e 20 minutos, que você poderá assistir quando quiser, pelo meio que quiser, na hora que quiser e no número de vezes que quiser.

Essas aulas possibilitarão um olhar diferenciado, crítico, do entendimento mais comum sobre essas questões. O que poderá permitir um entendimento menos limitado pelas evidências e obviedades repetidas à exaustão e aplaudidas por ato reflexo.

Pretende-se com isso o arejamento do discurso indiscutível do chamado mundo corporativo com novos olhares para cada uma das certezas consolidadas e das concordâncias reverberadas em mantra.

Essas aulas foram transcritas, trabalhadas em texto e convertidas em livro. Os editores, na medida do possível, se esforçaram para conservar a oralidade do discurso original.

Como se sabe, o discurso falado tem um sabor especial, além de vir revestido de facilitações sempre bem-vindas para o entendimento mais imediato. Muitos leitores me dizem que costumam ler meus livros imaginando que eu esteja pessoalmente lhes falando tudo aquilo.

* * *

Uma palavra sobre o título. *Happy hour é na segunda.* Todos sabemos que não é verdade.

Chamam de *happy hour* o momento institucionalizado, tão conhecido no mundo das empresas, destinado ao relaxamento, ao bate-papo folgado, aos bebes e comes, ao convívio fácil.

Ora. Esse momento não costuma acontecer na segunda-feira. Tampouco em horário de trabalho. É ocorrência para o final do dia. E dias mais próximos do final de semana. Com grande incidência na sexta-feira. Imediatamente anterior ao repouso semanal.

Quando o mundo do trabalho vincula o *happy hour* (em português, “hora feliz”) a horários que não coincidem com aqueles de efetivo exercício profissional, que mensagem estará passando aos envolvidos?

Vamos, leitor. Coragem. Responda você!

Se a hora feliz é a hora em que o trabalho já acabou, como devo chamar a hora em que o trabalho está sendo realizado? De hora não feliz? De hora triste? De hora sem graça? De hora vendida em troca de salário? De hora destinada à produção? De hora dedicada ao enriquecimento dos donos?

Ou será que temos que concluir – com mais prudência e moderação – que, se a hora feliz acontece após o trabalho, a felicidade de quem trabalha não é assim tão importante em tudo que diz respeito ao que acontece durante o trabalho?

E se for esse o caso, querido leitor, será que temos de estar de acordo?

Ou podemos reivindicar algo diferente. Felicidade durante o trabalho. Felicidade justamente pelo exercício do trabalho. Pelo fato de estarmos trabalhando.

Nesse caso, essa felicidade que decorre do próprio exercício do trabalho começaria logo na segunda. E bem cedo. Assim que o trabalho começa. Concomitante e decorrente do próprio exercício profissional.

Felicidade ao dar a palestra. Em dar a palestra. Por dar a palestra. E não esperar pelo seu fim para poder ser feliz, no bar mais próximo, em meio aos copos, quem sabe.

* * *

Para concluir esta introdução, o leitor encontrará no texto escrito uma aproximação do conteúdo das aulas do pensamento estoico, tão em voga no mundo do capital. Esse vínculo não consta da versão em vídeo do curso.

Bem, só me resta desejar boa leitura. Eu acho que você vai adorar as páginas que seguem. É esse o meu desejo mais sincero.

Vamos dar início agora mesmo a nossa primeira aula. E assim, capítulo a capítulo, tema a tema, vamos juntos, de mãos dadas, fincando os pés firmes no chão, para não resvalarmos.

Um grande abraço. Obrigado desde já pela prestigiosa companhia.

Capítulo 1

# NA CAMA OU NA BANHEIRA?

Seja bem-vindo a este nosso primeiro capítulo. Que também pretende ser uma aula introdutória escrita. Dessas que pegam qualquer leitor pela mão e só soltam na última linha. Não permitindo nenhum escorregão nas frestas do desentendimento.

Nosso tema hoje é cultura.

Tenho que admitir. Trata-se de um grande atrevimento abordar um conceito tão amplo e complexo num capítulo de algumas poucas páginas. Mas não temos outra saída. Até porque assumimos a missão de enfrentar o tema da cultura corporativa. E cultura corporativa – antes de ser corporativa – é cultura. Resta-nos encarar o desafio com os recursos de que dispomos.

* * *

A cultura, num sentido mais estrito, tem a ver com um conjunto de conhecimentos e saberes que uma sociedade mobiliza, transmite e valoriza, em especial aqueles que dizem respeito ao passado da humanidade, como suas histórias, crenças, tradições, obras e prodígios. É nesse sentido que dizemos que uma pessoa é culta ou inculta.

Num sentido mais amplo, que predomina nas ciências humanas, cultura indica toda forma de intervenção do indivíduo sobre o mundo ou, como sugere o grande antropólogo Marcel Mauss, as formas adquiridas de comportamento nas sociedades humanas.

Nesse sentido, a palavra cultura tem como referência contrária a natureza. Referência contrária como é o norte em relação ao sul, o superior ao inferior, o central ao periférico.

O cultural, para muitos, é tudo que não é imediatamente proveniente da natureza. Assim, a cor dos olhos não é cultural. Mas a opção por uma lente de contato colorida o é. Nesse caso, no que nos diz respeito, o natural corresponde ao que nos é inato, e o cultural, ao que foi adquirido.

Nesse segundo sentido, um indivíduo não é mais culto ou inculto. E sim aculturado de um modo ou de outro, isto é, envolvido em processos específicos de aprendizado, pensamento e ação ditos de aculturação.

É esse o sentido que vai nos entreter neste capítulo e no livro todo.

* * *

Qual é a substância dessa cultura? Quais são seus ingredientes? Em que consiste exatamente?

Comecemos pelo que primeiro nos vem à cabeça. Não há cultura sem algum tipo de saber. Esses saberes podem se materializar em ideias, discursos, livros, tratados e tantas outras formas mais. E eles são muito importantes quando falamos de cultura.

Entretanto, aqui vai a primeira surpresa da nossa jornada. Os saberes, só por eles, não fazem cultura. Não bastam para configurá-la.

Sei que essa afirmação suscita curiosidade. E suas consequências são ainda mais intrigantes.

Observe. Se os saberes não fazem cultura, como considerar a ciência?

De fato, nesse caso, resta-nos, por enquanto, excluir o trabalho estritamente científico do campo da cultura.

E por quê?

Ora. A ciência define seus objetos de estudo, recorta mundos para investigá-los, identifica leis de recorrências. Mas nada disso basta para constituir cultura.

Para que fique mais claro.

Vivemos recentemente uma experiência pandêmica. O trabalho científico de identificação da composição de uma vacina e seus resultados finais, se tomados isoladamente, não são cultura.

* * *

Da mesma forma, informações históricas tampouco integram, por elas mesmas, o campo da cultura.

Assim, a data do descobrimento do Brasil, o número de caravelas da esquadra de Cabral, o nome das capitanias hereditárias, dos governadores gerais, a data da proclamação da independência ou da república não são, enquanto tais, de índole cultural. Tampouco dispor da informação curiosa de que Shakespeare e Cervantes morreram no mesmo ano.

Desse modo, muito do que chamamos hoje de "cultura geral" não é cultura. Aliás, tampouco geral. São informações com grande especificidade histórica, geográfica, social, política etc.

E se formos dar sequência a esse inventário, não terminamos o livro.

Mas, como último item desse provocativo breviário, saber resolver uma equação do segundo grau, identificar a extensão da hipotenusa de um triângulo retângulo a partir da extensão dos seus catetos ou calcular a área de uma figura geométrica qualquer tampouco configura um problema de cultura ou de falta dela.

* * *

Ora. Mas então, onde está o pulo do gato? Isto é, o ponto que nos permite identificar a cultura? Pelo que dissemos, quase tudo parece ficar de fora da noção de cultura.

Muita calma nessa hora. Não é bem assim.

O campo da cultura compreende tudo que diz respeito à existência de uma boa maneira de agir, de proceder, de se conduzir no mundo.

Observe bem o que acabamos de dizer ou de escrever: uma boa maneira.

Ora, o que isso quer dizer exatamente?

Quer dizer o seguinte: que quando falamos de cultura não podemos abrir mão de algum valor. Essa "boa maneira" que destacamos acima é valor. Trata-se do valor dessa maneira de agir.

Em outras palavras: uma maneira de agir de valor elevado é uma boa maneira. Outra de valor pífio é uma péssima maneira.

Observe que o simples saber ainda não é cultura, porque, embora possa me ajudar a decidir, a deliberar, a agir, não coincide com a minha decisão, deliberação ou ação.

Um outro exemplo poderá nos ajudar.

A medicina nos ensina sobre as consequências nefastas de uma taxa glicêmica elevada. Ora, essa informação, por ela mesma, não bastará para que eu me impeça de pedir um milk-shake de chocolate com bastante cobertura do mesmo sabor. Dessas que enfeitam o copo antes de receber a iguaria principal.

Da mesma forma, essa mesma medicina me adverte sobre os danos causados pelo tabagismo. Todos os fumantes do mundo, em algum momento de suas vidas, foram alertados sobre eles. Ora. Essa informação não foi suficiente para fazê-los decidir parar de fumar.

Para dizer não ao milk-shake ou ao fumo, é preciso que, no momento dessa tomada de decisão, eu tenha aderido a um certo estilo de vida. Ainda que horas depois ou no dia seguinte essa adesão se interrompa.

É necessário que, no momento de recusar a oferta, eu tenha optado por uma longevidade segura, em vez da busca desvairada e arriscada de prazeres próprios de uma vida mais intensa.

Ainda no campo da medicina, falamos anteriormente da pandemia e da produção da vacina. Observamos que esse trabalho, enquanto tal, não configura cultura.

Por outro lado, o modo como as sociedades se organizaram para ministrar essa vacina, as campanhas de divulgação, incentivo e até de constrangimento pela vacinação, esses, sim, são culturais. Como também a manifestação mais ou menos organizada dos que se opuseram a essa vacinação.

* * *

Em resumo. A cultura diz respeito a tudo que permite identificar um bom modo de existir no mundo, de estar simplesmente, de agir e interagir, comportar-se, manifestar-se, calar-se etc.

Desse modo, as práticas mais comezinhas da vida cotidiana fazem parte da cultura. As formas de polidez, a gentileza, a alimentação, a higiene, os deslocamentos. Até mesmo uma cultura física justifica-se como tal, pois nos orienta sobre o bom uso do corpo.

Você se lembra da nossa primeira surpresa. A cultura nunca se limita a um saber. Isso porque pretende oferecer soluções aos problemas de grande e pequena monta.

Permite, por exemplo, a um agredido discernir entre reagir dando cabo da vida de seu agressor ou oferecer a outra face. Entre saudar com um, dois ou três beijinhos no rosto. Entre curvar o tronco ou estender a mão. Cozinhar, fritar ou ingerir crus os legumes e as carnes. Entre usar talheres metálicos, plásticos ou palitos de madeira. Entre ter intimidades só após o matrimônio ou transar já no primeiro encontro. Entre parir na cama da maternidade, na banheira de casa, no centro cirúrgico ou num rito espiritual.

A cultura também permite identificar o bom modo de falar nesta ou naquela situação. A gramática, o léxico, a altura da voz.

A cultura oferece uma ideia clara a todo trabalhador de como se deve trabalhar.

Produzir comprometendo a saúde ou não. Permanecer ou sair da zona de conforto. Celebrar o fim da jornada ou regozijar-se no seu decorrer. Reunir-se com os colegas de trabalho para lazer e chamar só a esse momento de feliz ou celebrar a excelência quando for alcançada. Ascender nas hierarquias a qualquer preço ou respeitar regras éticas previstas para as relações profissionais.

Como o leitor pode observar, o campo da cultura, que parecia tão restritivo por excluir tantos saberes da sua zona de incidência, mostra-se amplo e inseparável da vida do dia a dia, de cada instante.

Até aqui viemos neste primeiro capítulo.

Sem essas singelas considerações sobre cultura e seu sentido mais amplo, tudo o que viermos a falar doravante sobre a cultura nas organizações resvalaria em terreno movediço.

Capítulo 2

# CHINESES NÃO SE ORIENTAM

No capítulo anterior, relacionamos cultura a valores. E esse primeiro ponto deve merecer toda a nossa atenção. Não adianta seguir adiante sem estarmos juntos e de acordo com algumas premissas que nos trarão segurança para seguir pensando.

Graças a essa possibilidade de definir valores, alguns saberes acabam se materializando em ações, condutas, hábitos, jeitos de agir e de ser. Dos mais cotidianos aos mais únicos e excepcionais.

Decido agir deste ou daquele modo, e não de outro, por entender que essa ação deliberada tem valor superior às outras preteridas, deixadas de lado.

Eis um ponto importantíssimo.

Tudo que diz respeito à cultura convida a ponderar sobre o próprio comportamento. Ainda que seja no marco zero da aquisição de um futuro hábito, que depois passará tempos sem ser questionado.

* * *

Por isso mesmo, a cultura é o que permite ao humano se orientar no mundo.

Essa noção de "orientação" nos interessa muito. A palavra tem oriente no seu interior. E seu significado sugere que ela só vale mesmo para ocidentais.

– Não entendi. Como assim?

A provocação foi só para espantar seu sono. Mas faz muito sentido. Eu me explico. Venha comigo.

"Orientação" não se confunde com a simples identificação da posição ora ocupada.

Que fique claro. Identificar a posição ocupada já é muito importante. Lembro-me de, certa feita, em tempos de juventude, estar nadando no mar e, por não ver terra firme em nenhum lado, não ter a menor ideia de onde me encontrava. Era preciso descobrir a minha posição em relação, por exemplo, ao ponto de partida.

Mas "orientação" é bem mais do que isso.

Quando nos orientamos, identificamos o caminho a seguir. Para onde temos que ir. Em qual direção rumar. Cada posição ocupada sugere 360 graus de caminhos possíveis. Orientar-se exige definir um deles e preterir todos os outros.

Como é óbvio, saber para onde se vai requer saber onde se está. Eu só poderia me orientar – saber em que direção e sentido deveria dar minhas braçadas no meio do oceano – se soubesse onde me encontrava, a que distância, de que lado etc.

Orientar-se implica saber para onde se quer ir. Ou quem sabe ainda para onde se deve ir. É pensamento voltado para o que está imediatamente por vir. Voltado para o futuro cogitado que queremos fazer presente. Voltado para o chamado devir.

Desse modo, quem se orienta pensa em estar onde ainda não está. Em fazer o que ainda não está a fazer. Em ser o que ainda não é. Trabalha com duas realidades. Uma imediatamente vivida e a outra apenas cogitada ou desejada. Para a qual a vida deve se dirigir.

Podemos voltar agora à provocação inicial. Só se orienta quem está no Ocidente. Não é possível orientar-se (em direção a) já vivendo a realidade para a qual se orienta. Como os orientais já estão no Oriente, não lhes cabe uma orientação. Talvez uma "ocidentação".

Por isso, chineses não se orientam. A não ser quando voltam para casa vindos do Ocidente.

Quem sabe essa brincadeira com as palavras não ajuda você, leitor, a entender melhor essa noção preciosa de orientação. Valeu a tentativa.

Outros exemplos nos dizem respeito mais diretamente.

A simples identificação de onde estamos nos permite, enquanto colaboradores de uma empresa, entender a posição na hierarquia funcional desse posto que ora ocupamos.

A orientação vai muito além. Permite ao mesmo colaborador discernir aonde quer chegar. Que novas posições pretende ocupar. Por onde deve passar para alcançá-las.

Da mesma forma, a empresa identifica que posição ocupa no segmento em que atua em relação aos seus concorrentes de mercado. Mas, ao se orientar, define para onde quer ir. Que novas posições pretende ocupar. O que deve fazer para que isso aconteça. Quais as melhores estratégias. E em quanto tempo essa façanha poderá ser alcançada.

* * *

Cabe-nos aqui, sempre em tom introdutório e pegando você pela mão, destacar outro aspecto fundamental da cultura.

Todos esses saberes, devidamente valorados e aptos a dar orientação, não são competências inatas. O que isso quer dizer?

Que, para além dos talentos de cada um, esses saberes são aprendidos após o nascimento. Aprendidos no mundo.

Você, astuto e curioso, logo pergunta:

– Como assim, no mundo?

Pois é. Na verdade, o que estamos querendo dizer é que esses saberes são aprendidos por intermédio de experiências. Essas, por sua vez, reúnem tudo que acontece conosco nos encontros e relações que mantemos com o mundo. O modo como esse mundo nos afeta, no seu sentido mais amplo.

Assim, podemos encontrar uma árvore. Essa árvore é percebida por nossos sentidos. Visão, olfato e tato, por exemplo. Pois bem, o que vemos, apalpamos e cheiramos faz parte da experiência que temos dessa árvore.

Podemos nos alegrar se essa visão, o olfato e o tato nos fizerem bem e aumentarem nossa vontade de viver. Mas também podemos nos entristecer se a árvore percebida por nossos sentidos nos apequenar. Ora, essa alegria ou tristeza também fazem parte da experiência da árvore.

Mas não acabou ainda.

Aquela árvore ora capturada pelos sentidos pode nos trazer lembranças de outras experiências já vividas. Essas lembranças também integram a mesma experiência da árvore.

E essas lembranças podem nos trazer alegria, uma nostalgia boa de sentir, ou tristeza, por nos fazer lembrar de momentos dolorosos da vida. E tudo isso também faz parte da experiência da árvore.

Quer mais?

Essa árvore pode nos remeter ao devir, nos fazer pensar no futuro. Como comprar uma casa com quintal, por exemplo. Ou simplesmente plantar outras árvores como aquela. Ou ainda adubar aquela mesma para que cresça mais e mais. Pois bem. Essas projeções suscitadas pelo encontro com a árvore também compõem a experiência da árvore.

* * *

Você deve estar se perguntando o que essa longa explicação sobre a noção de experiência tem a ver com o tema da cultura. Então, aqui vai um começo de resposta.

Em meio a tudo que no mundo pode ser objeto da nossa experiência, como a árvore do exemplo acima, não podemos deixar de destacar um pedaço de mundo muito especial para nós. Que nos proporciona encontros muito precisos.

São as outras pessoas. Gente como nós.

Claro. Do mesmo modo que encontramos a árvore e dela tivemos a experiência que descrevi, encontramos também, ao longo da vida, e o tempo todo, pessoas, seres humanos.

Claro que humanos como nós nos proporcionam uma experiência muito diferente se comparada à da árvore ou a qualquer outra realidade encontrada. A relação que duas ou mais pessoas protagonizam no encontro é infinitamente mais rica e complexa.

Antes de mais nada, trata-se de um outro muito particular. Se a árvore é outra em relação a nós, uma outra pessoa também é outra, mas integra a mesma espécie. É um outro do mesmo tipo, digamos assim. Um outro que não é tão outro quanto a árvore. Goza do mesmo estatuto de realidade. É um Outro. Com maiúscula. Diferente de nós, mas humano como nós.

Pois bem. Mas e daí? Por que a experiência desse Outro é tão especial?

* * *

Ao nascer, nossa natureza de humano não parece pronta. De modo que não estamos preparados para nos virar sozinhos no mundo. Um recém-nascido sem o apoio de um outro humano não sobrevive.

Assim, diferentemente do que acontece com outras espécies de animais, a vida humana depende de outras pessoas. E não basta a presença dessas últimas. Todos carecemos de um tipo particular de intervenção do outro em nossas vidas. Por isso, a experiência que temos desse Outro é muito particular e muito decisiva para o encaminhamento da nossa existência no mundo.

Entenda, querido leitor. Você primeiro encontrou a árvore. Houve uma rica experiência. Mas se não a tivesse encontrado, essa vida não vivida não teria comprometido a possibilidade de continuar vivo.

O mesmo não acontece com as experiências entre humanos. Desse modo, se não formos, de certo modo, ajudados, educados, orientados, direcionados, as consequências para o nosso estar no mundo podem ser definitivas.

É com os outros que vamos aprender a viver. Numa sucessão de experiências que, em grande medida, obedecem a um protocolo predefinido em relação à vida de cada um dos que nascem.

Isso significa que quando um humano vem ao mundo, os outros que se encontram por aqui já dispõem de uma sequência de encontros, relações, experiências e aprendizados considerados imprescindíveis para uma vida propriamente humana em meio a todos os demais.

Desse modo, a sociedade em que a cultura é gestada e ininterruptamente transformada é sempre, lógica e cronologicamente, anterior aos indivíduos que lhe darão vida. E essa anterioridade do social e do cultural em relação a cada um de nós é sempre merecedora de consideração e reflexão.

* * *

Gosto muito da alegoria do trem.

Nascer é ser jogado num trem em marcha. Ele já rodava fazia tempo quando você apareceu. Você não estava quando ele partiu da estação de origem. Tampouco viu as paradas nas estações anteriores. Quando muito, ouviu falar. Esse mesmo trem, aliás, continuará rodando por muito tempo depois que você for devolvido para o lado de fora.

O que acontece com você fora do trem seguirá um mistério. Mas, no interior do trem, a viagem dos demais passageiros já corria solta quando você, do nada, deu as caras. Já rolava um certo jeito autorizado de agir e interagir no interior do trem. E você foi convidado a tomar ciência e juízo do que já existia.

Mas você permaneceu em meio a eles por um certo tempo. E marcou suas viagens com a sua presença, que nunca mais será como era antes de você aparecer.

Você participou da redefinição do jeito de ser e de agir no interior do trem. Ajudou a definir novas regras de conduta e de interação.

De tal modo que, quando não mais estiver, terá deixado marcas indeléveis na memória e no jeito de ser de todos os viajantes que ali ainda permanecerem e dos que ainda estão por comprar seus bilhetes.

Capítulo 3

# GENTE ESQUISITA ESSA!

A cultura tem origem num coletivo. Vai se constituindo nas relações entre seus integrantes.

Coletivo de pessoas que interagem sempre.

Assim, um catadão episódico de gente não é o caso. Como os guerreiros e mais ainda as guerreiras, que nunca se viram mais gordas, desalinhadas no ônibus, voltando do trabalho. Não fazem cultura durante o trajeto. Tampouco outros, mais notórios e nem sempre notáveis, indo de Guarulhos à Flórida, com seus tornozelos desnudos e dentição saliente. Suas culturas não são dali.

Em suma. Se a cultura nasce na interação, não é qualquer coletivo que pare cultura.

Chamo sua atenção para essa curiosidade. Até aqui só falamos de grupos e coletivos.

Mas são as pessoas, por seu turno, que dão vida à cultura. Mesmo quando estão sozinhas. Em seus modos de pensar, julgar, interpretar, divagar, sonhar, agir, sentir e outros.

Assim, essa cultura, gestada no coletivo, participa da identidade de cada indivíduo. Na hora em que cada um se vê convidado a dizer quem é, dar detalhes sobre si mesmo, muitos aspectos culturais ajudam a ter algo a dizer.

Por exemplo, quando ouvimos: sou carioca da gema, sou tripeiro (nascido na cidade do Porto) desde antes de nascer, ou, ainda, sou da Zona Norte bem raiz, filho da Casa Verde etc.

De modo que, quando, por alguma razão, algum desses se vê forçado a interagir fora daquele coletivo, acaba por se distinguir, fazer-se notar.

É o caso do imigrante brasileiro que sempre viveu em seu país e acaba de chegar ao país europeu para o qual imigrou. Da mesma forma, o brasileiro sulista que decide tentar a vida no Centro-Oeste. Ou o paulista do interior que vem viver na capital.

Mas as eventuais dificuldades no relacionamento com pessoas de outras culturas não é só uma questão migratória. Coisa de quem vai viver em outro canto. É muito comum trocar de espaço de convivência, com cultura específica, mesmo sem mudar de residência.

Assim, um jovem aluno do ensino fundamental 2, que estudou desde antes do fundamental numa mesma escola, com poucos alunos, onde era conhecido por todos, se vê forçado a trocar de escola – um colégio gigante, onde é completamente desconhecido e, quem sabe, ignorado.

A mesma família pode trocar, num movimento único, de escola, empresa, cidade, país, continente. O tranco inicial costuma ser chamado de choque cultural. E os processos adaptativos à nova cultura, de "aculturação".

Muito amiúde, clientes pedem palestra tendo como contexto o surgimento recente ou ainda vindouro de uma nova organização. Seja pela aquisição, junção ou simples reunião entre duas ou mais preexistentes.

O certo é que um novo espaço de relações surgirá. Constituído por pessoas que terão de interagir, mas que (ainda) não têm a mesma cultura.

Essas relações poderão ser mais ou menos conflituosas ou atritadas em função das diferenças maiores ou menores entre as culturas de origem. O diferente pode ser coletivamente diminuído. Rebaixado. Posto em ridículo. Vítima de *bullying*. Gente esquisita.

Interfere também a disposição para considerar e aceitar as diferenças, bem como para aceitar soluções de compromisso. O famoso arredondar.

* * *

A cultura é relativa ao tempo e ao espaço em que é forjada. Relativa ao momento histórico da sociedade em que é gestada. Relativa também ao território, ao clima, ao relevo, às riquezas naturais, aos atributos físicos dos agentes sociais etc.

O que isso significa? Que todas essas variáveis incidem sobre a cultura vigente. A cultura francesa era uma em tempos de Revolução Francesa; outra na chamada Belle Époque, na virada do século 19 para o século 20; outra ainda em tempos de maio de 1968; e outra nos dias que correm.

Da mesma forma, a cultura dos países escandinavos é fortemente influenciada pelas condições propriamente geográficas a que os habitantes desses países estão submetidos. O frio e a neve são fatores decisivos da cultura de um povo.

Uma professora brasileira, gênio da astrofísica, nascida e criada na Serra da Cantareira e instruída na USP, transferiu-se para um desses países de vocação polar. Vinte anos depois, já incluiu em sua rotina um banho de mar em meio às placas de gelo.

Um país com extensas áreas de terra particularmente fértil, como é o caso do Brasil, acaba tendo uma cultura fortemente influenciada pela produção de alimentos. O mesmo não acontece com a cultura japonesa.

* * *

Essa relatividade cultural nos sugere manter os pés no chão. É sempre saudável na hora de abordar temas tão cheios de nuances. Exemplos podem ser alentadores. Vamos a alguns deles.

Os indígenas, em sua cultura, limpam os dentes com certas plantas e obedecendo a técnicas específicas que eu, que não sou indígena, ignoro.

Um segundo exemplo que faz lembrar os livros de História, mas que também faz parte da nossa vida em sociedade.

Um artesão trabalha a madeira porque desde cedo aprendeu com um mestre, não raro em família, a operar um instrumento e, com isso, transformar essa madeira de uma forma em outra, impor-lhe um formato desejado.

Um terceiro exemplo, quem sabe mais próximo ao seu cotidiano, sempre ávido por guloseimas.

Em certas culturas, os alimentos são adquiridos em feiras, mais ou menos movimentadas segundo o horário, a céu aberto. Os vendedores anunciam seus produtos de modo a atrair, na rua, a atenção de seus clientes. No Japão, ainda hoje, a voz feminina e extremamente aguda da jovem vendedora vence o resto do ruído urbano, alcançando (e agredindo) até as audições menos sensíveis.

Em outras culturas, a mesma atividade de aquisição de alimentos é realizada em grandes supermercados, um pouco menos ruidosos, sem contato com distintos vendedores, mas com filas mais ou menos longas nos caixas para pagar, segundo o horário.

Um quarto exemplo, para os mais românticos.

Em algumas culturas, no passado e ainda hoje, o casamento entre dois jovens era ou é decidido por suas famílias em função de interesses estritamente econômicos, mas também relacionados ao capital social das famílias, legitimidade, prestígio, reconhecimento etc. Desse modo, os nubentes podiam e podem contrair matrimônio sem nenhuma experiência prévia.

Argumentam que a eventual paixão inicial passa por rápida erosão. Enquanto um afeto construído no dia a dia acaba sendo mais longevo e mais fundado num conhecimento recíproco menos contaminado por grandes arroubos passionais.

Em outras culturas como a nossa, toma-se por regra o chamado casamento de amor. Casar com alguém por conta de um acerto de interesses alheios é impensável. Nesse caso, como indica a própria nomenclatura, o que importa é o amor nutrido pelos noivos e sua vontade manifesta de ficarem juntos para sempre.

Como o leitor pode perceber, todas essas práticas foram ou são bem reais. Fazem parte da vida das pessoas. Mas não decorrem de uma natureza humana. Em outras palavras, o fato de sermos humanos não é a explicação para nenhuma dessas ações ou hábitos.

Tudo isso é aprendido no mundo por conta de vivermos no tempo e no lugar que nos tocou viver. Fossem outros, seria outra a cultura. E outras também seriam as nossas práticas.

* * *

Cabe-nos aqui trocar em miúdos o que ficou apenas subentendido nos exemplos anteriores.

Participam de qualquer cultura elementos tangíveis, materiais, e outros intangíveis, da esfera do pensamento, do mental, relativos à vida do espírito. Esses dois tipos de elementos estão forçosamente em relação na definição dos traços culturais de um universo de pessoas.

Certa feita, em viagem ao Japão, decidi tomar um ônibus urbano na cidade de Kyoto. Em cada ponto de ônibus havia um voluntário ajudando os idosos a entrar no veículo. Na porta de entrada, situada ao lado do motorista, o passageiro recém-chegado era saudado por esse último com um sorriso.

Após a entrada de todos os novos passageiros, o motorista anunciou, num microfone, que o ônibus entraria em movimento ("hadimarimasu", que quer dizer "vou começar"). Ao longo do percurso, ele também alertava para as curvas à esquerda e à direita ("magarimasu", que quer dizer "vou virar").

Não pude evitar a comparação com o que acontece em culturas de outros lugares do mundo. E você, leitor, certamente sabe a que me refiro.

Ora, essa experiência cultural é atravessada por pensamentos a respeito de como devemos tratar os outros. Por ações concretas no tratamento com os outros. Mas também por condições materiais muito específicas que viabilizam esses pensamentos e essas práticas.

Em resumo.

Cultura não é só pensamento compartilhado. Tampouco se resume a modos de agir semelhantes no interior de um grupo. E muito menos resulta apenas da maior ou menor riqueza ou condições materiais de vida. Mas é constituída por tudo isso.

Capítulo 4

# PIZZA NA RETRANCA

A cultura é constituída por muitos aspectos da vida social que também são constitutivos da subjetividade de cada um de seus agentes.

Eis alguns desses aspectos. Eles serão apresentados aqui um após o outro. A preocupação didática nos força a isolá-los para explicitar e exemplificar. Mas, na dinâmica das sociedades, esses aspectos se encontram juntos e misturados, interligados e estritamente vinculados.

* * *

Neste capítulo, nos ocuparemos do valor da conduta.

O que significa exatamente o valor da conduta ou o valor da ação?

Significa poder afirmar que aquela conduta específica que estamos considerando foi uma boa conduta. Ou não. Que foi uma catástrofe. Uma pisada de bola sem comentários. Uma grandessíssima cagada etc. Em suma, esse valor permite avaliar se alguém agiu bem ou mal.

Esse valor da conduta pode ser instrumental. Isto é, a conduta como meio mais ou menos adequado para alcançar um fim. Desse modo, bater um pênalti com força e no canto costuma ser suficiente para fazer o gol. Todo valor instrumental exige um objetivo ou propósito predefinido e se limita a avaliar a eficácia da ação empreendida para alcançá-lo.

Você, leitor atento, me pergunta: por que o valor instrumental de uma ação seria uma questão cultural?

Excelente indagação.

Vários meios, caminhos ou instrumentos podem se mostrar adequados para alcançar o tal propósito e podem ter a preferência neste ou naquele universo cultural examinado.

Fiquemos no exemplo do futebol.

Tratando-se de um jogo, há um propósito intrínseco, que é a vitória. Mas essa pode ser alcançada por meio da observância de estratégias – conjunto organizado de ações visando um fim – bem diferentes.

Haverá quem busque a vitória atacando o adversário com intensidade, visando marcar o maior número de gols. E, para isso, haverá a preferência por escalar atletas que saibam implementar bem essa estratégia ofensiva. Isto é, atacantes.

Mas há também quem busque a vitória defendendo-se com esmero. Visando não levar gols. Para tanto, são prestigiados os exímios defensores. Escolas diferentes de futebol são conhecidas por fomentarem, desde as categorias de base, esse ou aquele jeito de jogar.

Recentemente, o treinador Carlo Ancelotti, da seleção brasileira, respondendo a perguntas de um jornalista em coletiva, começou sua explicação com a afirmação: "Bem, eu sou italiano". E nem sequer se preocupou em justificar essa sua intervenção. Não era necessário. Todos ali entenderam o que ele quis dizer.

Os italianos são conhecidos por armar ótimas defesas. Por jogar um futebol de grande proteção do próprio gol e, desse modo, ter seus redutos pouco ameaçados pelos adversários.

Ao reiterar sua nacionalidade, o treinador quis dizer que dará muita ênfase à parte defensiva. Que essa será uma preocupação prioritária do seu trabalho. E que só depois de bem armada a defesa encontrará soluções para agredir o adversário.

Perceba. Trata-se de uma questão instrumental. Encontrar o melhor meio para sair vitorioso. Mas também se trata de uma questão cultural. Porque se o treinador, no lugar de ser italiano, destacasse sua origem barcelonista, holandesa ou mesmo brasileira dos tempos gloriosos, as conclusões a respeito da melhor estratégia, isto é, do valor daquele conjunto de ações implementadas em campo, seriam bem outras.

Só para pôr um ponto final no exemplo futebolístico.

Haverá quem diga que a vitória não é seu único propósito. Que além de jogo, o futebol é um espetáculo.

Um entretenimento. Uma fonte de encantamento para o público. Uma arte.

Nesse caso, a vitória deixa de ser o que mais importa. E as estratégias para alcançar esse novo propósito de embevecimento costumam ser outras. É o caso da seleção brasileira, dirigida pelo mestre Telê Santana, na Copa do Mundo de 1982.

* * *

Para além desse valor instrumental, a ação humana pode ser avaliada por outro tipo de entendimento a respeito do certo e do errado.

Não se trata mais de agir certo para alcançar objetivos próprios. Mas agir certo por respeito a outros humanos, para proteger a justiça nas relações, a ética na convivência no interior dos grupos e assim por diante.

Esse outro tipo de valor da ação permite a alguém afirmar, acreditando não haver dúvida sobre a pertinência dessa sua afirmação, que o indivíduo A se comportou como um canalha na relação amorosa com o indivíduo B.

Observem, queridos leitora e leitor. Talvez tenha havido êxito instrumental na abordagem. Isto é, o galanteio, enquanto estratégia, permitiu ao galanteador obter o que queria. Mas esse alto valor instrumental não se mantém quando a régua para avaliar a conduta muda.

O entendimento a respeito da canalhice de um chaveco é uma questão cultural. O que tempos atrás era considerado próprio de uma boa lábia hoje é tido como inaceitável e objeto de veemente condenação.

Da mesma forma, no mundo do trabalho, na chamada cultura das organizações, outros exemplos brotam rapidinho. As empresas se esforçam para definir protocolos de avaliação das condutas de seus colaboradores como obviedades a serem implementadas em ato reflexo, sem dar margem a tergiversações.

Assim, os valores ditos da organização devem ter primazia óbvia sobre quaisquer outros. Desse modo, o uso dos canais de denúncia é fortemente estimulado quando essa hierarquia estiver ameaçada, corresponsabilizando todos os envolvidos.

A título de exemplo. A hierarquia é um valor da empresa. Algum eventual conflito entre agentes de níveis hierárquicos diferentes deve ser resolvido de modo a mostrar quem manda. Toda ação que resulte de valores de amizade, camaradagem, solidariedade na opressão e desafie as estruturas de poder estabelecidas deve ser denunciada por qualquer um como insubordinação.

Quer outro?

O aumento do lucro pode exigir mais empenho e gasto de energia por parte dos colaboradores. Por isso, recomenda-se a valorização dos que estejam dispostos a abandonar suas zonas de conforto. Qualquer ação em sentido contrário será avaliada negativamente. Mesmo que seja realizada por alguém bastante distante do acesso ao lucro efetivamente alcançado.

Mais um para lavar a alma.

Agir com espírito de dono é zelar pelo negócio como se dono fosse. Esse tipo de ação deve ser visto como positivo por todos. Por outro lado, toda ação que presuma estender o espírito de dono para patrimônio de dono deverá ser entendida com maus olhos, a não ser no interior dos planos já estabelecidos de distribuição autorizada.

Esse tipo de avaliação, por mobilizar um jeito de pensar que faz parte da cultura daquele espaço de relações, costuma despertar altos índices de concordância por parte daqueles que o integram.

O fato de outros manifestarem estar de acordo com o que está sendo dito é reconfortante para quem fala. Torna palpável o laço que une aquelas pessoas, reduz a sensação de isolamento de cada uma delas, endossa aquele jeito de pensar, legitima o porta-voz, reforça certezas e reduz incertezas, enfim, desencadeia sensações boas de sentir, afetos positivos.

Essa avaliação requer um trabalho do espírito, a implementação de um tipo particular de pensamento, com a adoção de certas premissas e não outras. Mas isso é tema para o nosso próximo capítulo. Não perca a mão. Não deixe esfriar. Avance sem medo. Estarei aqui com você. É só virar a página.

## Capítulo 5

# PORTA X PORTA

A cultura de cada sociedade permite atribuir valor ao pensamento de seus integrantes.

Você certamente já ouviu dizer, ou já disse, que tal pessoa é "muito articulada", que aquela outra é "inteligente pra caramba" e que uma terceira é "simplesmente brilhante". Essas expressões, colocadas entre aspas, indicam valores altamente positivos atribuídos ao pensamento de alguém.

Desse modo, fica claro que é possível, e até frequente, atribuir algum valor ao pensamento das pessoas.

É comum que o valor de um pensamento de alguém autorize ou motive o avaliador a fazer inferências para além daquele pensamento avaliado. Supõe-se, então, a partir de um pensamento singular, o valor de todos os seus pensamentos, o valor do seu modo de pensar ou até mesmo da sua pessoa enquanto humano no mundo.

Aliás, este é o caso dos três exemplos acima. A partir de um pensamento tido como valioso, inferiu-se que a pessoa que o pensou é (sempre) "muito articulada", "inteligente pra caramba" e "simplesmente brilhante".

* * *

Eu também já tive meu pensamento avaliado por muita gente. Também, pudera. Sessenta anos perambulando por aí, não faltaram observadores dispostos a dizer quanto valiam as coisas que passavam pela minha cabeça.

E, como acabamos de explicar, de um pensamento isolado, eles também tiraram suas conclusões, fizeram suas inferências.

Observe estas afirmações a respeito de algum pensamento meu:

"Você tem titica de galinha na cabeça" (professor de Ciências na 5ª série); "Esse cara só fala m..." (colega de escola no 1º ano do ensino médio); "Quando a cabeça não presta, o corpo paga" (meu pai dia sim, outro também); "Você tem uma ligeira tendência à paráfrase" (examinadora da prova oral do curso de civilização francesa da Universidade de Nancy, sugerindo que eu era um enrolador que só repetia a mesma ideia com outras palavras).

Todas essas avaliações dos meus tempos de juventude atribuem um valor bastante negativo a algum pensamento que me saltou à consciência. O que autorizou o avaliador a estender esse valor para tudo mais que eu penso.

Não pense que as coisas mudaram muito em tempos mais recentes. Pelo contrário. Alguns *haters* mostraram-se ainda mais severos e incisivos nas redes sociais. Mas esses, baluartes de erudição e expoentes da nossa mais augusta inteligência, já se encontram saciados de notoriedade e prestígio, dispensando, assim, minha irrelevante citação.

Isso tudo para deixar claro que o pensamento das pessoas pode e costuma ser valorado pelas outras pessoas em grupos diferentes de convivência. É a cultura desses grupos que torna possível essa valoração, servindo-lhe de referência.

* * *

Embora seja uma noção intuitiva, dessas que quase ninguém pensa a respeito, não custa perguntar: em que consiste exatamente o ato de pensar?

O pensamento se constitui por meio da articulação entre signos. Esses últimos são, digamos, a sua matéria-prima.

– Como assim, por intermédio de signos? – você pergunta com a inquietação de quem não entendeu muito bem.

Vamos juntos deixar isso mais claro.

Nesse preciso momento em que escrevo este texto nesse aprazível café, momento que não coincide obviamente com um outro qualquer em que você o estiver lendo, passam pela minha cabeça muitas ideias sobre o tema da cultura que me parecem esclarecedores. Como, por exemplo, essa questão do valor do pensamento.

Muito bem. Não há como negar, estou pensando a respeito. Valha o que valer esta reflexão. Muito bem. O que exatamente está acontecendo em minha mente?

Pois eu digo já.

As palavras vão brotando e se articulando entre elas. Como essa palavra "brotando" que acabei de escrever. Elas vão surgindo na minha mente, menos pela minha autoria e mais para minha contemplação ou até espanto. Talvez por isso gente importante tenha dito que algo pensa nelas.

Muitas dessas palavras, eu as julgo pertinentes e as digito. Convertem-se em texto. Já outras, eu veto. Por acreditar ser possível achar coisa melhor. Mais elucidativa. E, assim, fico esperando que essa instância misteriosa que me abastece com pensamentos melhore seu desempenho.

* * *

– Ora. Mas o que são ao certo essas palavras?

Muitos as chamam de signos. Eles são uma certa matéria. Como outras coisas feitas de madeira, metal, tecido etc.

– Mas qual é a matéria das palavras?

As letras, uai. Se você só aceita matéria quando consegue pegar, compre-as grandes, dessas coloridas, em plástico. Pode acreditar: as letras são matéria. Quando você as enuncia, elas são sonoridade que faz vibrar os tímpanos. Quando são escritas, são tinta, cujo reflexo a luz traz para os olhos.

Só que, nesse caso dos signos, como as palavras, há uma particularidade que precisa ser colocada em destaque: eles, porque são signos, sempre se encontram no lugar de outra coisa. E mantêm com essa outra um vínculo muito especial.

– Não entendi nada – diz você aborrecido.

Calma. Eu chego lá. Nada que meia dúzia de exemplos não vença a sua resistência.

Você aceita, de bom grado, que na sua casa haja uma porta? Mais de uma, talvez. Mas uma só nos basta. Porta é aquela coisa que você abre e fecha para entrar ou sair de um certo ambiente. Muito bem.

Como fazer para essa sua porta integrar um pensamento?

Você levanta a mão já sem paciência.

– E para que eu vou querer que a porta vire pensamento?

Ora, adorável ser que me lê. Você pode discutir com quem mora na sua casa sobre a necessidade de trocar essa porta que não está muito legal por outra sem tê-la na frente, sem sequer estar em casa, na loja diante de um vendedor ou de um pintor etc.

Perceba. Para você dizer coisas sobre essa porta, tem de pensar sobre ela. Ela tem de ser também pensamento, além de continuar sendo a boa e velha porta que separa a sala da cozinha na sua casa.

O problema é que, na hora de pensar a porta, a coisa porta não cabe na mente. Não entra nela. Não tem a flexibilidade necessária para ser pensada enquanto a coisa que é. A porta é grande demais. Desajeitada demais. Dura demais. A maçaneta causaria estragos.

Não adianta, porta e mente não são compatíveis.

Você então, maroto que é, pergunta:

– Como eu faço para pensar algo sobre a porta, como a necessidade de trocá-la por uma mais nova, se a porta em questão não entra na minha mente?

Aí é que vem o pulo do Epaminondas, o meu gato. No lugar de tentar enfiar a coisa porta mente abaixo, você usa outra coisa que fica no seu lugar. Com a vantagem maravilhosa de essa segunda coisa entrar e sair da mente como se tivesse sido besuntada em gel japonês para atividades íntimas.

Assim, se a porta, coisa que separa ambientes, não entra na mente, a palavra porta, constituída pelas cinco letrinhas, essa entra fácil. Você, então, vai usar as letras no lugar da madeira para pensar. Agora você consegue ponderar que a tal porta está mesmo precisando ser trocada, porque empenou quando da última enchente na sua rua.

* * *

Antes de concluir este capítulo, não custa trazer ao palco um par de saborosas observações.

A primeira delas. O pensamento só pode ser avaliado pelo outro quando manifesto. Aquele que pensa no reservado absoluto de sua intimidade só poderá ter suas conjecturas avaliadas por si mesmo.

São muitos os modos dessa manifestação. A verbalização é uma delas. A primeira que costuma ser lembrada. Por isso, esse valor do pensar costuma ser vinculado ao valor do que foi dito.

Os distintos universos, por onde são forjadas diferentes culturas, terão modos muito diferentes de atribuir valor aos atos de fala.

Assim, vocábulos tidos por raiz ou autênticos em certas rodas serão considerados chulos ou de baixo calão em outras; o belo ou de bom gosto na letra da música em certas salas de audiência nada tem a ver com o que o pessoal curte em outros lugares de baile.

Mas a manifestação do pensamento não se reduz à fala.

Os gestos também manifestam pensamentos. Bem como os silêncios. A rigor, não há nada na existência humana que, ao ser observado por alguém, não comunique algo que possa estar sendo pensado.

Talvez por isso os poetas insistam que os olhos são a janela da alma. Ou que somos muito mais efetivos em comunicar o que pensamos quando agimos, fazemos algo, do que simplesmente falando a respeito.

* * *

Segunda observação saborosa.

Há caminhos de associações de ideias e de inferências lógicas que se consolidam, forjados na repetição, por convivências intensas entre os agentes num determinado espaço específico, que dão respaldo a muitas conclusões, todas óbvias.

No mundo dito corporativo, essas recorrências de procedimentos mentais inerentes à vida do espírito que convivem tão intensamente em torno dos mesmos propósitos e que se mostram tão necessárias para a agilização dos processos também podem ser vistas como limitantes para o êxito no alcance desses mesmos propósitos.

Surge, assim, a preocupação de aprender a "pensar fora da caixa".

Valoriza-se aquele que é capaz de identificar – mesmo fazendo parte do grupo e estando submetido à mesma rotina e aos mesmos processos – o caminho mental habitual (tido por todos como o único possível), que consegue enxergá-lo de fora, sem se deixar aprisionar por ele, vislumbrar seus limites e propor um jeito diferente de pensar a respeito daquela mesma realidade.

Puxa. Quanta coisa neste capítulo! Agora, só no próximo. Vou abrir um pote de doce de leite com ameixa e colocar duas generosas colheradas sobre duas ou três fatias de queijo branco. Quanto a você, se ainda estiver bem-disposto, siga na leitura. Caso contrário, uma brisa de ar fresco no rosto não há de fazer mal.

Capítulo 6

# E COM CHUMBO DENTRO

Já vimos que os pensamentos, convertidos em fala, têm valor. E que esse valor é uma questão cultural. Assim, o que se pensa e fala sobre as coisas do mundo leva nota de zero a dez em gabarito estabelecido pela cultura de cada tempo e lugar.

Mas não é só "o que se pensa e fala sobre" que tem maior ou menor valor. Também é submetido à avaliação "sobre o que se pensa e fala".

Imagino que esteja reclamando.

– Esse jogo de palavras, longe de esclarecer, só me confunde. Qual o sentido de tirar o "sobre" do final da frase e colocar no começo?

* * *

Preste bem atenção. A mudança na ordem das palavras, nesse caso, não é uma questão de estilo. Indica que estamos falando de realidades diferentes.

Uma coisa é o que você pensa e tem a dizer sobre um assunto. Definido esse último como objeto de discussão, atribui-se valor ao que você tem a dizer sobre ele. Como vimos, de acordo com cada cultura, esse pensamento pode valer mais ou menos.

Outra coisa, bem diferente, é avaliar o próprio assunto, o próprio tema da conversa. Porque esse também tem valor. Do mais positivo ao mais negativo. Esse valor do tema da conversa também será atribuído a partir de referências culturais. Uma espécie de gabarito de assuntos autorizados, julgados pertinentes pelo grupo, que servirão de regra para avaliar os papos de cada um.

Essa avaliação é mais importante do que parece. Muitas vezes, os interlocutores avaliadores não têm tempo ou interesse de prestar atenção nas argumentações oferecidas pelo agente avaliado em torno deste ou daquele tema.

De modo que o mais imediato, fácil e provável de ser avaliado é mesmo o tema sugerido para a conversa. Sem falar que, depois de uns dias, a memória costuma reter os assuntos e ter preguiça para o resto.

Indo mais longe.

Também é comum estender a avaliação, a respeito de um assunto escolhido para conversa, a atributos pessoais que transcendem e muito aquele episódio.

Em outras palavras, para não deixar você na mão. Tendemos a considerar um chato, um sem-noção, um mala, um pentelho, todo aquele que, num encontro não foi feliz na escolha do assunto. Perceba que a inferência é cruel com o interlocutor avaliado. Afinal, essa pecha de uma pessoa chata, resultante de um mísero encontro, poderá afetar e muito suas interações naquele grupo. Ou, como dizem alguns, poderá prejudicar sua "vida social".

Veja o relato da Miriam, que se dirige a sua melhor amiga de trabalho, no ônibus fretado, voltando para casa.

– Semana passada esse tal de Felisberto, que acabou de ser contratado, veio com um papinho sobre a atuação política da família na cidade onde nasceu que me encheu. Parece que o pai é o atual prefeito, ou já não é mais, agora não lembro mais. De tão entediada, desliguei. Acabei interrompendo a conversa com a desculpa de que tinha que voltar logo ao trabalho porque as tarefas tinham se acumulado. Já vou avisando: esse cara é um mala sem alça. E com chumbo dentro.

* * *

Alguns outros exemplos deixarão esse valor cultural dos assuntos ainda mais claro.

Dona Nilza, minha mãe, era muito amiga do padre Serafin. Ou será Serafim? Não sei por que seria com "n". De modo que assumiremos que seja mesmo com "m".

Ela o convidava com alguma frequência para um cafezinho com bolo no apartamento da rua Tatuí. E quando o sacerdote partia, o comentário era sempre o mesmo:

– A conversa nunca é jogada fora. Ele só fala sobre coisas elevadas.

Não sei que fim levou o padre Serafim. Eu também gostava dele. Além de assuntos de alto valor, ele sempre trazia balas de canela que eram muito saborosas.

* * *

O seu Cabral, amigo da minha avó Geni de visitação dominical religiosa, não tinha a mesma opinião das conversas do João da Pudú. Do seu Cabral eu lembro bem.

Ao estender a mão para cumprimentar, punha o dedão de modo que a pessoa que o estivesse cumprimentando só pudesse tocar-lhe as pontas dos dedos.

Morava na avenida Angélica. Às vezes, tocava ao meu pai levá-lo quando a família se dissolvia no domingo à noite.

Já o João da Pudú, sempre muito citado, penso tratar-se de um mito, uma lenda, um herói de quadrinhos, pois nunca o vi. Mas o seu Cabral tinha-lhe muitas reservas. E voltava no carro queixando-se.

– Esse João sempre com uns assuntos deslocados, uma conversinha fiada sem propósito, uma picardia que não condiz.

* * *

Meu amigo Floriano se foi muito jovem. Floriano Campos Neto era seu nome completo. Das melhores pessoas que o acaso permitiu-me encontrar. Santista roxo, porque nascido e criado em Santos e apaixonado pela sua cidade. Nada a ver com o futebol, que não lhe despertava nenhum interesse. Lembro-me de quando me disse na cara, com a sinceridade que não lhe largava:

– Que papo cariado é esse, cara! Nada a ver. Não tô nem um pouco a fim de falar sobre isso.

* * *

A tia Neuza era muito diferente da minha mãe. Sua extroversão e espontaneidade contrastavam aos gritos com a introspecção silenciosa da dona Nilza. Eu sempre amei muito minha mãe. Mas também tinha imensa admiração pela minha tia. Ela sempre tinha algo para contar que eu julgava fascinante. Nunca lhe faltavam assuntos superatrativos.

Você deve estar se perguntando:

– Mas o que o padre Serafim, o João da Pudú, o Floriano e a tia Neuza têm a ver com o que estamos estudando?

A resposta é simples. Todos eles são exemplos, que me reportam a um passado de saudade, de como os temas ou assuntos conversados recebem notas, altas e baixas, são valorados positiva e negativamente, são atacados e enaltecidos.

Imagino que tenha ficado clara essa questão da agenda de assuntos e do modo como a cultura de um grupo permite atribuir-lhe valor.

Vencida essa etapa, podemos ir adiante. Mas o que está por vir merece um capítulo para si.

Até porque, nesse novo mundo que fizemos surgir (digo assim porque não somos meros espectadores do tal mundo, mas também agentes de transformação), tornamo-nos pouco pacientes com textos de muitas páginas. E como eu não quero perder pelo caminho os raros leitores que me concedem esse privilégio, melhor respeitarmos os novos ritmos, as novas cadências temporais de leitura tolerada.

Enquanto isso, hora de preparar um chá de boldo. Não sei você, mas o feijão requentado de ontem não me caiu pacífico.

Capítulo 7

# MEU PAI TEM HELICÓPTERO

Como íamos dizendo, antes do chá de boldo.

Não nos basta jogar luz sobre o valor dos temas discutidos. Precisamos subir um degrau. Vasculhar um pouco mais sobre a participação dessa agenda temática nas diversas culturas.

Quando um indivíduo, integrante de um grupo com uma cultura, passa a integrar outro grupo com outra cultura, interage com os membros desse novo grupo, encontra-os o tempo todo, entra em relação com eles e é afetado pelo que dizem, pelo que fazem, pelo que decidem, pelo que escolhem etc.

Dá-se o nome pomposo de aculturação a esse rico e complexo processo de inserção em uma nova cultura.

O nosso amigo que trocou de grupo e se depara com uma nova cultura se dá conta, por exemplo, de que as pessoas desse segundo grupo tendem a conversar sobre outros assuntos. Consideram algumas ocorrências do mundo particularmente relevantes em contraste com o grupo de origem.

Também surpreendem ao apresentar seus desejos, seus projetos, seus sonhos, suas metas em busca das quais mobilizam suas energias. Parecem ter um jeito próprio de pensar e agir, distinto daquele do grupo que era o seu anteriormente. O que era obviamente relevante para os integrantes do grupo de origem não parece tanto para os integrantes do segundo grupo, e vice-versa.

A consciência das diferenças entre os dois grupos no que tange a todos esses aspectos permite discernir com maior clareza as características de cada cultura e, consequentemente, a própria existência dessas diferentes culturas. Quem consegue perceber a existência de diferentes culturas passa a ver com mais clareza a presença e importância das questões culturais em qualquer grupo de que fizer parte, estando onde estiver.

* * *

A atribuição de valor às peculiaridades dessa nova cultura, em contraste com a cultura primária vivida no primeiro grupo, varia muito. Pode se dar por atacado – algo como "tudo aqui é melhor (ou pior) que lá" – ou merecer análise com mais nuances.

Você poderá sugerir que, no caso da cultura de países diferentes, há tendência a enaltecer a cultura do país econômica e socialmente mais desenvolvido. Mas isso nem sempre acontece.

Suponha um bem-nascido, filho da mais alta classe do nosso país, fazendo um intercâmbio em algum país com menos discrepâncias sociais, menos miséria, mas também menos luxo.

Poderá sentir falta do conforto dos clubes de elite, dos hospitais de elite, das escolas de elite, das residências dos amigos da elite e assim por diante. Faz contagem regressiva para o regresso. Tem saudade de casa, da galera do condomínio, dos companheiros do racha de picape etc.

Nesse caso, a cultura do país mais desenvolvido é valorada negativamente em proveito da própria.

Inversamente, um rapaz da mesma idade, estudante em uma universidade europeia, opta por fazer um estágio em nosso país, com o compromisso de integrar-se, conviver, interagir e estudar a cultura de alguma comunidade de uma grande capital brasileira.

Nessa nova realidade cultural, ele vive relações com um nível de afetividade muito intenso, estabelecendo relações de amor e amizade inéditas para ele e escassas em sua cultura de origem. Nesta, cada qual aprende a se virar por si e toda solidariedade esperada indica fraqueza e despreparo para a vida.

Nesse caso, a cultura do país menos desenvolvido também será valorada positivamente em detrimento da própria, por razões bem outras, obviamente.

Claro que muitos outros cenários são cogitáveis enquanto exemplos.

O mesmo bem-nascido, desejoso de seguir pertencendo ao seu universo cultural e submetido desde o berço a conversas em que a cultura de outro lugar é exaltada, poderá, desde a primeira visita a esse outro lugar, fazer a triagem de experiências confirmatórias de uma expectativa que não se quer que seja frustrada.

Como podem ver, a relação entre o valor da cultura de uma sociedade e o seu desenvolvimento econômico e social não é imediata.

Toda essa diversidade é encontrada em processos de aculturação com outros tipos de grupos, como os familiares, profissionais, escolares, religiosos etc.

* * *

Para continuar buscando firmeza em terreno tão instável, retomemos aqui o exemplo do adolescente que trocou de escola. Isso porque os pais mudaram de cidade.

O jovem é forçado a uma troca: do conhecido – a escola frequentada até então – pelo desconhecido – a escola ainda não frequentada em momento algum. Essa troca costuma gerar alguma ansiedade.

– E essa ansiedade, do que se trata exatamente? – você pergunta, interessado por ouvir o termo com muita frequência.

Trata-se de um sentimento desagradável e provisório, decorrente da ignorância também provisória de uma realidade sobre a qual temos suposições e expectativas, mas que ainda não foi encontrada.

O ansioso anseia pelo encontro com essa realidade que eliminará ou diminuirá o grau de incerteza a respeito das experiências a viver dali para a frente.

Voltando ao adolescente que teve de mudar de escola, essa incerteza é geradora da sua ansiedade, resulta de uma suposição que o acompanha e que lhe causa temor: a de que haverá diferenças entre o mundo frequentado até então e o mundo a ser frequentado doravante.

Assim, para começar, pensa ele, o espaço físico é outro. Na escola antiga já sabia exatamente o que encontraria diariamente. Qual o caminho da porta de entrada ao destino. Qual a sala. Em que carteira sentar-se. Para onde ir no intervalo. Onde ficam os banheiros. A cantina.

Também serão outras as pessoas com quem a interação será necessária. O desconforto começa pela ignorância dos nomes das pessoas. Sobretudo num lugar onde todo mundo se conhece muito bem.

Mas não é só. As incertezas parecem não ter fim. Quem se sentará nas imediações? Como agem e reagem os colegas mais próximos? Com quem conversar? Com quem jogar bola? Como agem os professores? Quais serão os mais severos? Quais os gente boa? Os coordenadores? Os diretores? Os serventes?

Tudo será diferente. E as defesas já aperfeiçoadas para o espaço anteriormente frequentado talvez fossem inócuas em face das novas ameaças. As certezas tão tranquilizadoras e aportadoras de segurança converteram-se em um turbilhão de dúvidas aportadoras de intranquilidade e insegurança.

Bem. Fiquemos por aqui com a ansiedade. Você entendeu tratar-se de um aspecto afetivo importantíssimo inerente a todo processo de aculturação.

Terminada a aula, os pais, curiosos, vão buscar o filho. E lhe perguntam, com sincera curiosidade e entusiasmo prudente, como tinha sido o primeiro dia. Como eram os novos professores. Os novos colegas. O que mais lhe chamou a atenção etc. O pai ainda se interessou sobre a eventual abordagem de alguma colega mais simpática.

O jovem, ao finalmente tomar a palavra, enfatizou o que mais lhe tinha chamado a atenção.

– Nossa, eles só falam de carro importado, de ir para Dubai, de apartamento em Miami, de helicópteros, caminhonetes, piscinas etc.

Perceba que essa ênfase dada pelo rapaz que relata as experiências no primeiro dia na nova escola recai sobre um aspecto da cultura daquele novo grupo: a sua agenda de discussão.

A presença habitual de certos temas nas conversas entre integrantes de grupos específicos é um marco cultural bastante epidérmico, isto é, perceptível desde os primeiros contatos, mas também muito discriminante, no sentido de que favorece ou dificulta a integração de novos membros, bem como a maior ou menor visibilidade de cada membro no interior do grupo.

E você faz cara de pôquer, de quem não sabe se entendeu direito.

Aqui é simples. Se você não tem muito – ou não tem quase nada – a dizer a respeito de um tema ultra-presente no interior de um grupo, não será nada fácil, vindo de fora, a sua integração. Lembrando que esse ter o que dizer implica o domínio de repertório específico, de familiaridade com certos jargões inerentes ao tema, o que nem sempre se consegue do dia para a noite.

Assim, suponha que o futebol não seja a sua praia. Você não acompanha e não manja nada do assunto. Chega para se enturmar e o papo rola solto na rodinha. A discussão gira em torno de por que algumas experiências de clubes que viraram SAF deram certo pelo mundo e outras, não. Esse tema você pula e fica só ouvindo.

Na sequência, surge o assunto do sucesso dos profissionais formados na escola portuguesa de técnicos nos diversos campeonatos pelo mundo. Você pula de novo. Nem um mísero comentário a fazer.

Não se pode negar que você se mostra resiliente. Espera pelo novo assunto. Haverá de chegar o momento em que poderá se manifestar. Mas não era mesmo seu dia. Passaram a discutir sobre a eficácia do esquema

3-5-2 na comparação com o esquema 4-2-3-1 em jogos fora de casa.

Nesse instante, você, simulando desagrado por ter que se ausentar, atende ao chamado imaginário de um colega invisível e se evade sem deixar saudade.

Exemplos assim deixam claro quanto as discussões sobre inclusão podem ser bem mais sutis e complexas do que uma simples disposição estatutária ou um princípio de conduta lustrando um código qualquer.

Sobre a agenda, deitamos alguma tinta. Como não quero que me acusem de encher linguiça para engrossar a obra, deixo-vos aqui, desembrulho uma bala de goma árabe e degusto com um copo dos grandes de groselha vitaminada.

Capítulo 8

# O FILHO DO DONO

Este capítulo é introdutório à questão do mérito. Um aperitivo para que caminhemos de mãos dadas. Passo a passo.

Talvez as considerações aqui pareçam elementares demais. Eu prefiro correr esse risco. Afinal, são as noções de significado mais óbvio que acabam por nos confundir nas curvas sinuosas da sua aparente evidência.

* * *

Mérito faz dobradinha com o verbo merecer. Constitui-se de tudo que torne o existir humano digno de aplauso, elogio, avaliação elevada ou prêmio.

O mérito pode ter a ver com a tal força de vontade. Com o esforço. Com a dedicação. Com suportar muito sacrifício para alcançar um desempenho ou resultado. Mas nem sempre.

O talento de uns e de outros para o exercício dessa ou daquela atividade não é resultado necessário de um esforço deliberado. Os gregos veneravam os talentosos, mas desprezavam os raladores. Alguns amigos de escola, para minha admiração, desenhavam maravilhosamente. Mesmo sem nunca terem sido treinados para isso.

Você certamente já viu na televisão ou na internet crianças com menos de uma década de vida tocando piano melhor que muito profissional. Mesmo não tendo havido ainda tempo para estudos esforçados, dias, meses e anos de determinação ou força de vontade, essas disposições práticas inatas são objeto de enorme admiração e aplauso.

Seria bem estranho não reconhecer o mérito do jogador de futebol Sócrates – como um dos mais talentosos futebolistas do seu tempo – pela eventual falta de empenho em exercícios físicos ou em treinos táticos.

Da mesma forma, virtudes como a coragem.

Trata-se da gestão ousada do próprio medo. Não resulta (pelo menos não completamente) de uma decisão, de uma escolha ou de um treinamento. Há quem enfrente com mais facilidade seus temores do que outros, pela própria natureza. Ainda assim, os corajosos arrancam suspiros de embevecimento por conta de seus gestos de heroísmo.

E quanto à generosidade?

Não lhe faltam detratores. Basta consultar no YouTube incontáveis vídeos de autoajuda desaconselhando "ser bonzinho". Há quem a reduza a mera estratégia. Como quem oferece pensando em troca, ou em evitar agressões futuras.

Aristóteles explica que a generosidade requer prazer em dar. Os que dão sem prazer não passariam, segundo ele, de mesquinhos ou interesseiros que se obrigam a abrir mão de algo que lhes é caro em função de outros ganhos ou perdas.

Mas observe.

Aquele que dá sem prazer faz um grande esforço; empenha-se; é resiliente; tem força de vontade. Seria, por acaso, este último mão aberta à revelia, mais meritório do que um outro que dá pelo simples prazer de dar, sem nenhum esforço ou drama de consciência?

Estou sugerindo que nem sempre o mérito está vinculado a esforço ou força de vontade, como a mim foi ensinado em tempos escolares.

Continuando.

Para além da coragem e da generosidade, o amor.

Suponho que concordamos todos com Kant no quesito. O amor não resulta de um autocomando. De um esforço ou dedicação. De um planejamento deliberado. Ainda assim, é digno de todo louvor aquele que ama. Que o digam os verdadeiros cristãos. Os que conseguiram entender que Deus é amor.

* * *

Da palavra "mérito" deriva outra, repetida à exaustão no mundo do trabalho: "meritocracia". Termo que carrega a força de converter em obviamente justo tudo que nele se fundamenta. Trata-se de um critério para atribuição de alguma vantagem, material ou simbólica, em função do mérito.

– Como assim? Acho que não entendi o que você quis dizer. Que tipo de coisa se fundamenta em meritocracia?

Ora. A outorga de algum bem a um pretendente em meio a outros que também o desejam para si.

Quando duas ou mais pessoas querem uma mesma coisa e a posse dela, por uma das pretendentes, exclui as demais, cabe sempre a pergunta: por que tocará àquela pessoa específica a posse do que pretendia e não a um outro pretendente qualquer?

No mundo animal não humano, esse tipo de embate é definido pela força bruta. Quem pode mais chora menos. Entre os humanos, em cenários de civilização insipiente, funciona parecido. Leva quem bate mais forte.

Em estágios de civilização mais avançados, entende-se que a força bruta não assegura sempre a distribuição mais justa das coisas do mundo entre os humanos que as desejam.

* * *

Imagine um grupo constituído por humanos, iguais perante a lei e perante a espécie. No interior desse grupo, não dá para todo mundo fazer o que bem entender. É preciso impor alguns limites às condutas de todos.

Da mesma forma, também é necessário tomar decisões a respeito de quem vai fazer o que, visando algum objetivo já estabelecido. Se todos derem palpite em função de suas pretensões, é possível que as direções propostas sejam muitas e incompatíveis entre si. Se esses palpites se equivalerem, isto é, tiverem o mesmo valor para a tomada de uma decisão coletiva, nada se decidirá.

Desse modo, para que as decisões possam ser tomadas, é preciso que não haja equivalência entre esses palpites. Ou seja, que a proposta de uns tenha prevalência sobre a dos outros. Isto é, conte mais para a tomada de decisão.

A tal ponto que, em muitos casos, aqueles cujo palpite sabidamente é superado pelo palpite de outros nem se dão ao trabalho de externá-los. Esperam que esses últimos, porta-vozes cujos palpites realmente contam, decidam de uma vez.

Nesse momento, você pergunta:

O que esses últimos, cujo palpite é decisivo, têm de tão especial que justifique essa primazia em relação aos demais, cujo palpite não conta muito? Por que alguns humanos, iguais em direitos em face de todos os demais, naquele grupo específico têm seus palpites convertidos em decisões que afetam todo o grupo?

Em outras palavras: minha dúvida não é por que alguns decidem e outros não. Não entendo por que são especificamente os humanos A, B e C a decidir. E não os humanos D, E e F.

Ora. A sua pergunta sugere muitas respostas, dependendo do grupo considerado. Imaginemos uma empresa familiar. O filho do dono tem um atributo de parentesco que costuma justificar, como você disse, a relevância dos seus palpites.

Você, então, logo levanta a mão:

– Em que medida um vínculo de parentesco tem a ver com a pertinência de uma decisão tomada? E se esse filho do dono não for capacitado para decidir a respeito das coisas da empresa? E se não for um bom gestor? Ou se suas intenções não estiverem alinhadas às do grupo?

Ora. Nesse caso, é provável que a empresa em questão venha a ter dificuldades. Sofra na competição do mercado. Não apresente resultados que assegurem a sua continuidade.

Talvez por isso mesmo, tanto quanto a contundência dos socos e pontapés, nem sempre os vínculos de parentesco sejam o fundamento mais adequado para definir quem prevalece.

Tudo até aqui foi mesmo introdução. Doravante caminharemos em chão mais firme. Mas isso requer novo capítulo. E umas balas de cupuaçu com doce de leite que, mui generosamente, me regalaram em Manaus. Até breve.

Capítulo 9

# LARGAR O OSSO, NEM PENSAR!

Meritocracia é palavra constituída por duas. Qualquer um pode se dar conta facilmente. De um lado, mérito. De outro, essa tal de "cracia". O corretor do meu editor de texto logo entrou em ação e pôs Croácia no lugar. Isso porque "cracia" isolada não corresponde a nada.

Deve haver uma boa razão semântica para esse complemento. Quero dizer com isso que a palavra mérito, quando acompanhada de cracia, deve ganhar um significado que sozinha não tem, nem poderia ter.

Em outras palavras: não é possível que esse "cracia" sejam apenas seis letras completamente inúteis e nada acrescentem à noção de mérito. Se assim fosse, seria mais simples, econômico e elegante restringir-se a esse último termo de significado já mais ou menos conhecido.

Aliás, quando a palavra mérito bastar, não há por que abusar das letras. Observe as afirmações que seguem:

"Na empresa de que sou CEO, toda promoção é uma questão de mérito".

"O mérito é essencial para seguir integrando os quadros da empresa".

Em ambos os casos, o uso do termo mérito é adequado e suficiente. Se eventualmente substituído por "meritocracia" – o que infelizmente acontece com frequência –, o sentido dessas frases torna-se impreciso e confuso.

Passemos, então, ao significado mais preciso de "meritocracia".

* * *

Esse complemento "cracia" vem do grego. Era usado para indicar "poder". Poder entregue a quem lhe antecedesse na construção da palavra.

Assim, na palavra "aristocracia", o poder é entregue aos "aristos", isto é, aos melhores. Na palavra "oligarquia", o poder é entregue aos "oligos", isto é, a poucos. Na palavra "democracia", o poder é entregue ao "demos", isto é, ao povo. Na palavra "tirania", o poder é entregue ao tirano.

E assim por diante.

Desse modo, se pensássemos no termo "academocracia" – que nunca ouvi antes –, estaríamos nos referindo a um poder entregue a acadêmicos, cientistas, professores etc. Da mesma forma, se cogitássemos uma "teocracia", o poder, nesse caso, seria entregue a Deus.

Acho que ficou claro.

Mas o termo que nos interessa aqui é "meritocracia". Nesse caso, o seu significado parece ser o poder entregue aos que têm (algum) mérito.

Pensemos então na relação entre mérito e poder.

Quando a palavra "poder" é mencionada, o que primeiro vem à mente são os chamados poderes do Estado. Desde Montesquieu, logo se pensa em poderes Executivo, Legislativo e Judiciário.

* * *

Sabemos que os chefes do Executivo (no nosso caso, municipal, estadual e federal) são eleitos pelo sufrágio universal direto em dois turnos e sistema majoritário.

A pergunta que salta logo ao espírito é: haverá uma relação direta e incontornável entre ter mérito e ser eleito? Ou melhor: o mérito eleitoral – de ter sido escolhido pelos eleitores – sempre corresponde ao mérito de bem governar? Questão que o leitor e a leitora podem responder em suas divagações de fim de tarde.

A mesma questão se coloca para o Poder Legislativo. Sabemos que vereadores, deputados estaduais e deputados federais são eleitos pelo sufrágio universal proporcional. E os senadores pelo sistema majoritário, como os chefes do Executivo. Haverá uma relação necessária entre o resultado dessa escolha e um eventual mérito em legislar?

Resta-nos o Poder Judiciário. Os magistrados são definidos por concurso público. Ao menos para o ingresso na carreira. Há, sem dúvida, um mérito de dominar certos temas propriamente jurídicos exigidos em prova. Já as instâncias superiores, ocupadas por desembargadores e ministros, são definidas, assim dizem, pelo mérito do trabalho realizado. Pelo conjunto da obra.

Nesse caso, os ministros do Supremo, por exemplo, seriam escolhidos pelo presidente da República exclusivamente pelo seu mérito jurídico, isto é, mesmo que não houvesse nenhuma proximidade ou interesse de outra natureza que justificasse a referida escolha.

Devolvo novamente ao leitor e à leitora a tarefa de examinar os fatos da nossa história e verificar a relação entre o exercício desses poderes e o mérito daqueles que os exercem. Essa verificação permitirá concluir se o Estado é gerido segundo meritocracia ou não.

No caso das empresas privadas, em que o critério do mérito é a cada dia mais alardeado como definitivo, havendo de fato meritocracia, poderíamos supor que na pirâmide hierárquica funcional da empresa, quanto mais próximo do topo for o cargo, mais o seu ocupante será necessariamente ungido de mérito, sem que nenhuma outra variável a este se sobreponha.

Com a palavra, os leitores e leitoras que trabalham no tal mundo corporativo e cuja função está submetida aos mandos de um chefe de circunstância.

Em conclusão.

Havendo convivência, não dá para todo mundo mandar. Sempre haverá algum exercício de poder. No caso da meritocracia, esse poder é entregue a quem tem mérito. Desse modo, a inferência óbvia indica que aqueles que têm menos mérito, ou nenhum, deverão se submeter ao poder dos que têm mérito.

Sempre se pode cogitar um cenário hipotético de um coletivo em que todos os integrantes fossem dotados de igual mérito, elevadíssimo, mediano ou pífio, mas igual. Nesse caso, o mérito não serviria para discriminar os poderosos dos subalternos.

De fato. Nesse cenário, em que todos têm igual mérito, todos deveriam exercer equivalentemente o poder. O que é bem estranho. Afinal, todo poder, para ser exercido, precisa de súditos que a ele se submetam.

Melhor deixar esse caso para a divagação dos teóricos.

Dado que, no caso da meritocracia, ter mérito é decisivo para o exercício do poder e dado que há muita gente querendo exercer o poder, ficamos com um abacaxi nas mãos: em que consistirá exatamente esse mérito tão repetido em tom de obviedade?

O leitor e a leitora podem observar. O que parecia lá no começo mamão com açúcar acaba por se complicar. Como sempre acontece, aliás, quando há algum tipo de dominação de uns sobre outros. Tudo é apresentado como tão evidente que não carece de maior fundamento. E essa evidência só interessa aos que estão se dando bem. Isto é, aos que exercem o poder e não estão nem um pouco a fim de largar o osso.

Capítulo 10

# INTELIGENTE OU EU?

Mérito é um valor positivo atribuído a uma pessoa. Atribui-se mérito a alguém em função do seu desempenho, daquilo que fez, de tudo que realizou.

Leia de novo o parágrafo acima. Parece elementar, mas não é tanto.

Retomando. João tem mérito. Esse mérito lhe foi atribuído pelo que fez, pelo que tem feito. Pelo modo como agiu ou tem agido.

* * *

Pois é. Mas tudo isso ainda está bem impreciso. Esse valor atribuído se deve exatamente a quê?

Nesse exemplo é o João. Ele foi promovido na firma em que trabalha. Passou a exercer um certo poder que não exercia. A tomar decisões que não tomava. A mandar naqueles que antes eram seus colegas de mesmo nível hierárquico. A justificativa de tudo isso foi a tal meritocracia. O poder entregue aos que têm mérito. Logo, se João passou a ter poder, é porque tem mérito.

Interessante. Se o poder que ele tem agora se deve ao seu mérito, o que acontecia antes, quando não tinha esse poder? Ainda não tinha mérito? O que aconteceu para que ele passasse a ter? Ele já era bom, mas ninguém reparava? Ele ficou bom de repente? Fez alguma coisa extraordinária que escancarou suas qualidades? Ou, quem sabe, antes a tal meritocracia não funcionava tão bem?

Não conseguiremos dar conta dessa avalanche de dúvidas se não colocarmos em pratos limpos a que corresponde exatamente esse tal mérito. O bom é que não temos pressa. E se não conseguirmos a clareza almejada, suponho que já haja algum mérito em apontar todas essas imprecisões.

* * *

Venha comigo. Não perca a confiança. Segure firme a minha mão.

Uma coisa é uma eventual façanha de João. Um triunfo excepcional. Uma vitória inesperada. Um gesto sublime e irrepetível. Outra, bem diferente, é João SER eficiente, excelente, fantástico, sensacional, sublime ou coisa que o valha.

Veja. Quando dizemos que João é eficiente, excelente, fantástico, sensacional, estamos indo muito além da singular proeza por ele realizada. Uma coisa é ele ser tudo isso que acabamos de dizer. Outra, bem diferente, é ele ter, num dia ou ocasião específicos, mandado muito bem.

Ao afirmarmos que João é alguma coisa, estamos atribuindo-lhe um traço essencial. Que o acompanha sempre. Um braço, por exemplo, não lhe é essencial, porque João continua sendo João mesmo sendo João sem braço.

Por isso, se afirmarmos que João É, seja lá o que for, aí não tem jeito. Para ser, tem que ser com os dois pés, de mão cheia, a plenos pulmões, o tempo todo e em qualquer lugar.

Isto posto, estamos diante de uma questão importante: o mérito é uma questão de ser ou de fazer? Está vinculado a esta ou àquela ação isolada ou à pessoa do agente?

Em outras palavras...

Para que haja o tal mérito:

– Devemos nos limitar a avaliar uma ação específica desse agente cujo mérito está em questão? Nesse caso, bastaria uma proeza singular.

– Ou seria preciso mais do que isso? Que esse agente tenha tido mais sucessos que fracassos numa amostra significativa de desempenhos?

– Ou será ainda necessário, quem sabe, que ele desempenhe habitualmente com excelência? Tipo de segunda a sábado? Que ele mande bem no piloto automático. Sem precisar de nenhuma ocasião especial. Sem estar em disputa nada de superespecial ou particularmente desejado. Nesse caso, como em todo hábito, admitem-se algumas raras escorregadas, inabituais.

– Ou, finalmente, será que é imprescindível SER bom, enquanto atributo essencial, sempre presente, inalienável? Tanto quanto SER mortal.

Vocês, leitora e leitor, hão de concordar que não estamos a falar da mesma coisa em cada um desses casos.

Tomemos outro exemplo. Quem sabe ele não traz um tiquinho mais de clareza. O senhor Marcial é fundador da editora deste livro, a Citadel. Ele tem mérito indiscutível. Mas por quê?

Porque teve, anos atrás, a sacada de trazer o livro *Mais esperto que o diabo* para o Brasil (e ponteou a lista dos mais vendidos por anos a fio)? Ou será que é porque acerta mais do que erra na seleção dos livros? Ou ainda porque quase nunca erra na hora de lhes dar visibilidade e viabilizar a venda? Talvez seja porque trabalha no talo da excelência o tempo todo? Ou porque é, em essência, de segunda a domingo, um empreendedor fora da curva?

E se você espera de mim uma resposta definitiva, montou num porco, como dizia o velho Clóvis de Barros. Porque eu também não tenho resposta definitiva para lhe oferecer.

* * *

Vamos deixar esse primeiro problema de lado. Quem sabe não conseguimos encontrar terra mais firme logo adiante.

Você deve estar se perguntando: seja uma ação isolada, habitual ou permanente, quais as condições precisas para que entendamos que uma pessoa tem mérito?

Afinal, se ouvimos e repetimos "aos quatro ventos" (nunca soube o fundamento dessa expressão, nem onde entra o vento e muito menos por que são precisamente quatro e não mais ou menos) a justiça da meritocracia, seria razoável que pudéssemos afirmar algo mais claro sobre mérito, sobre o que é preciso para que alguém seja titular ou detentor de algum. Afinal, a ele será entregue o poder. E o poder nunca é pouca coisa.

* * *

Dissemos que mérito é valor ou valores positivos atribuídos a alguém. E que todo mérito tem a ver com a conduta desse alguém. Consideramos valores no plural porque uma mesma conduta pode compreender mais de um valor.

Pois bem. Participam de qualquer conduta elementos de naturezas bem diferentes que podem ser decisivos para concluir pelo mérito do seu agente. Destacaremos três na sequência: o talento ou habilidade natural do agente, o seu esforço, antes e durante a operação, e o resultado obtido.

Interessante observar que a importância dada a cada um desses elementos variou em função da época da história do nosso pensamento. Explicando melhor. Houve tempos em que o importante era o talento, outros em que contava mais o esforço e, finalmente, outros ainda em que o que valia mesmo era o resultado.

Vamos ver um por um com mais calma.

Comecemos pelo talento. Vale lembrar que essa palavra já teve outro significado. Equivalia a moedas. A dinheiro, portanto. Tanto que com talentos se pagava mercadoria e se recebia troco. Como estamos falando de valores da conduta, o fato de talento significar dinheiro não deveria causar tanto estranhamento.

Para nós, nos dias que correm, o talento indica uma disposição natural que facilita a realização de uma atividade com grande perfeição. O leitor e a leitora já enfileiram seus exemplos. Não custa propor também alguns outros, por nossa parte.

Fernanda Torres é talentosa para as artes cênicas. João Carlos Martins, para a música. André Barbeiro, para a álgebra. Desirée Ferreira, para os conglomerados de galáxias. Rogério Ceni, para evitar gols e cobrar faltas. Maria Aparecida Baccega, para orientar um trabalho acadêmico. Olgária Matos e Vladimir Safatle, para pensar. Cortella, Karnal e Pondé, também.

Note bem.

Para além de toda trajetória brilhante e luminosa que tiveram todos eles, suponho que já manifestassem desde muito cedo a aptidão para a atividade que depois os consagrou. Questão de natureza. De daimon interior, como dizia Sócrates. E que hoje parece bem mapeado nos cromossomos de cada um de nós.

Os gregos antigos davam enorme importância a esse talento. Mais do que isso. Vinculavam a vida feliz no mundo à adequação de nossos atos ao nosso eu mais essencial. Entendiam que a nossa existência tinha que ser alinhada a essa referência soberana.

A ponto de estarem seguros de que, na eventualidade de não haver brilho evidente no uso das faculdades intelectivas, a vida feliz desse humano menos iluminado teria que ser vivida explorando outros recursos, como a força no manuseio das ferramentas de plantio.

De acordo com esse entendimento, é o talentoso quem tem mérito. E quanto mais elevado o talento, maior o mérito. Claro que ele precisa ser traduzido em vida vivida, em ação, atualizado. Mas, sem o recurso natural de base, não adianta nada se matar, se empenhar, se dedicar ou arrancar os cabelos, porque será em vão.

Naturalmente, também de acordo com esse entendimento, é o talentoso que deve exercer o poder, a liderança, tomar a decisão, fazer a escolha, encontrar o caminho.

* * *

Ora, é interessante observar como o talento continua a ser considerado um valor positivo. Mas, em tempos de hoje, não reina assim tão impávido na hora de identificar o mérito de um indivíduo qualquer. E por quê?

Porque podemos perfeitamente imaginar alguém menos talentoso, mas muito esforçado. E, por conta desse esforço e dedicação, acaba sendo considerado meritório. Estamos falando do nível de investimento físico e psíquico na realização das tarefas. Ou da quantidade de energia pessoal que você investe ao longo dos processos.

Aliás, se algum dia tive mérito, terá sido sempre por conta desse segundo critério salvador. Na falta de inteligência, lucidez e facilidade para aprender, nada melhor do que passar o fim de semana todinho em cima dos livros, rachando, como se dizia naquele tempo.

É muito difícil imaginar, nos dias de hoje, um indivíduo com mérito que não seja considerado dedicado ou esforçado. Talvez esse esforço seja fundamento mais consistente dos méritos do que o próprio talento. Ele resulta de uma deliberação, de uma escolha, de uma decisão. Daí a expressão "força de vontade".

Nesse caso, o mérito é associado a uma decisão de ralar, de enfrentar dificuldades, de superar adversidades, de encarar desafios. Pode ser mérito estudantil, do estudante que estuda muito; mérito profissional, do trabalhador que trabalha com afinco, com dedicação etc.

* * *

Há um terceiro elemento de toda a questão do mérito, que é o resultado obtido. O que foi efetivamente alcançado pelo agente. O mérito está em ter agido de modo que a realidade transformada pela ação tenha se tornado coincidente àquela pretendida.

Talentosos e esforçados podem triunfar ou fracassar. Resta saber se seus talentos ou esforços bastarão em caso de fracasso. A seleção brasileira que disputou a Copa de 1982 era reconhecidamente talentosa. Mas foi eliminada pela da Itália. A decepção foi imensa. Até hoje se discute seu mérito.

O time do São Caetano era extremamente esforçado. Perdeu a final da Copa Libertadores para o Olímpia do Paraguai. A decepção foi menor do que a do time de Telê. Mas o gosto amargo permanece na boca dos azulões, com certeza.

Esse terceiro elemento do mérito será abordado em capítulo próprio quando tratarmos da eficácia.

E por aqui ficamos. Depois de um capítulo mais extenso do que o combinado com o exigente editor.

Resta torcer para que disso ele não se dê conta. E tomar um desses xaropes que reúnam tudo de saudável que possa aliviar a garganta e brecar a tosse. Se não funcionar, nem sei como será a palestra de amanhã.

Capítulo 11

# FALTA BRIO! COM CERTEZA

No mundo do trabalho em que vivemos, o foco é mesmo no resultado. Nos últimos vinte anos, tenho dado, em média, trezentas palestras por ano para contratantes de diferentes setores. Quase todos de índole empresarial. Posso lhes assegurar que poucas são as expressões do jargão corporativo tão repetidas quando esse tal "foco no resultado".

Ainda que nem sempre se diga expressamente, tamanha a obviedade, se o que importa mesmo para a empresa é o resultado, o mérito do colaborador acaba necessariamente a ele atrelado.

Surge aí um problema.

– Lá vem você com seus problemas!

Sei que você preferiria um conjunto de verdades mais ou menos óbvias, dessas que todo mundo repete nos eventos oficiais da organização, para dar uma aliviada no cerebelo. Infelizmente, não vai ser possível. Até porque, quase sempre, o que todo mundo repete é duro de engolir.

– Está bem. Onde reside então o tal problema?

Ora. Você concordará comigo que os resultados alcançados nem sempre decorrem da iniciativa ou da ação singular do agente cujo mérito está em discussão.

Alguns exemplos, como quase sempre, ajudarão o entendimento.

Imagine que estamos frequentando um curso de graduação em Filosofia. O professor passou o semestre comentando um livro chamado *Metafísica*, de Aristóteles.

Definida a data da prova, você lança mão de suas anotações, do texto original comentado, de outros comentadores, e passa dias e dias em estudo atento. Antes disso, você não faltou a nenhuma aula e esteve presente de corpo e alma ante cada explicação.

Tudo bem até aqui.

Onde está o seu mérito nesse curso? Na sua capacidade intelectiva e competência para filosofar? Na sua dedicação às aulas e à preparação da prova?

Para um resultadista de carteirinha, nada disso importa. Só o que conta é a nota da prova. Até porque, sem aprovação naquela disciplina, não se conclui o curso, não se obtém o diploma, nada acontece.

Muito bem.

Ocorre que, na hora da prova, para surpresa de todos, o professor decidiu propor um tema de dissertação a respeito de uma outra obra de Aristóteles, não mencionada em momento algum do curso.

E você, como todos os demais que se dedicaram às aulas e aos estudos, se viu despreparado ou despreparada como qualquer outro aluno bem menos diligente.

E como terminou essa história?

Só dois alunos, de 250, tiraram nota acima de 5, suficiente para a aprovação. Todos os demais ficaram de dependência. Esses aprovados lograram êxito porque, em outros momentos de sua formação escolar, tiveram a oportunidade de discutir a respeito do tema da questão proposta em prova.

Em resumo. Quem estudou para a prova, dançou. E quem se deu bem deve ao puro acaso o seu triunfo.

Como você pode ver, nem sempre o resultado alcançado está alinhado ao que foi feito para alcançá-lo. Para deixar ainda mais claro, podemos dizer que nem sempre o resultado resulta da iniciativa daquele que está a buscá-lo.

Eis o problema. Se vincularmos o mérito do agente ao resultado, podemos estar atribuindo valor a iniciativas que pouco ou nada tiveram a ver com o critério usado para essa atribuição.

* * *

Mais um exemplo.

Você agora é nadador. Participa de competições regionais e nacionais na sua categoria. É federado e tudo. Como a vitória e a medalha dão causa a sua alegria, você se esmera nos treinamentos.

Na piscina, faz as séries respeitando escrupulosamente os curtos intervalos de descanso. Não rouba no treino. Pelo contrário, se tiver chance, nada até mais do que o treinador pediu. Terminadas as séries, faz exercícios extras para aperfeiçoamento do estilo.

Fora da piscina, você se empenha na musculação, alimenta-se rigorosamente de acordo com a orientação do nutricionista, não frequenta espaços de diversão incompatíveis com a vida de atleta de alto rendimento e repousa o recomendado.

Sua expectativa, depois da bonita vitória no campeonato estadual, é tornar-se campeão brasileiro no Troféu Brasil daquele ano.

Após um ano de treino impecável, a competição chegou. Você fez o polimento com dedicação única. Era o grande favorito para a prova. Mas infelizmente não rolou. Você não se sagrou campeão. Na verdade, não ficou nem no pódio. Acabou em quarto. Posição ingrata de quem não leva para casa nem uma medalha para ilustrar a história.

Mas o que aconteceu? Você nadou mal? Errou a saída? Virou mal? Não estava se sentindo bem? Amarelou na hora da prova?

Nada disso. Na verdade, você fez a melhor marca da vida. Baixou seu tempo em mais de 1 segundo. Nadou melhor do que supunha conseguir. O problema é que os outros três nadaram ainda mais rápido.

Arrebentaram, literalmente. E, quanto a isso, você nada pôde fazer.

Ficou sem mérito. Não ganhou nem a medalha de "honra ao mérito" (espécie de prêmio pela participação ou dado à guisa de consolo nas competições menos relevantes em tempos em que se amarrava cachorro com linguiça).

* * *

Foram quase quarenta anos de trabalho até aqui. Trinta dos quais na universidade. Embora sempre tenha havido algum apreço por parte dos alunos, permaneci anônimo e invisível na maior parte desse tempo ante quase todos na nossa sociedade.

Trabalhava na Escola de Comunicações e Artes da USP. Ano sim, outro também, os alunos me homenageavam nas celebrações de formatura. E ponto final. Para o resto da humanidade, nem mérito, nem demérito. Apenas indiferença.

Eis que, numa aula noturna, o comportamento dos alunos torna-se atípico e inadequado. Decido dar uma bronca. Falo que é preciso ter brio. Que, se quiserem passar a pensar melhor, terão de se dedicar e ter outro tipo de comportamento. Digo que Pitágoras descobriu a relação entre os lados de um triângulo retângulo e que os alunos, mais de dois mil anos depois, sabendo qual é a relação, erram no cálculo mesmo dispondo da extensão de dois dos três lados.

Um dos alunos, percebendo tratar-se de um momento diferente do curso, decidiu sacar o celular e, sem nenhuma consulta a mim, professor, filmou tudo. E postou na internet.

Pois aquela bronca foi assistida por muito mais gente, eu insisto, muito mais gente que todas as outras aulas somadas ao longo das três décadas anteriores. Até hoje sou interpelado por onde passo, em eventos ou locais públicos, com alusão ao tal vídeo que já circula há mais de dez anos.

Alguns agradecimentos são emocionados. Interlocutores de todas as origens asseguram terem tido suas vidas mudadas por conta do tal vídeo. Destacam a importância do educador que ainda se preocupa em educar. Que uma advertência como aquela valia um curso inteiro. E por aí vai.

Mas tudo isso só aconteceu porque um aluno, que não tinha nenhuma intenção de promover ou divulgar o meu trabalho, que supunha que algo indevido fosse dito e sua exposição constrangesse o docente destemperado, que talvez pretendesse amealhar alguns ganhos de adesão em suas tribos digitais ou simplesmente rir e fazer rir à custa de quem perde a paciência porque não consegue dar aula, fez o que fez. Sem que eu nada tenha podido fazer para impedir. Porque, se pudesse, certamente o teria impedido.

Curioso, não acha? O grande mérito decorreu de uma iniciativa cujo principal beneficiário teria evitado, se pudesse. É para fazer pensar, com certeza.

Mas, depois de tantos exemplos, resta encarar a carne assada que já está esfriando no prato. As batatas coradas são imperdíveis. O arroz feito na hora é complemento obrigatório. E, se for bem-feito, assume o estrelado da noite sem dificuldade.

Beijinhos, que vou fazer uma boquinha. Ninguém é de ferro.

Capítulo 12

# FINÓRIO, OLEGÁRIO E O MATRIMÔNIO ALEGRE

É tentador avaliar a ação pelo resultado. Afinal, era ele que importava desde o instante em que o agente começou a caraminholar sobre o que fazer. No instante mesmo em que cogitou fazer o que fez, só agiu em função do resultado esperado.

Quando o resultado efetivamente alcançado coincide com o resultado almejado, dizemos que houve êxito. É quando deu tudo certo. Isso porque quem agiu conseguiu o que queria.

E por que queria? Ora, queria porque aquilo que buscava lhe fazia alguma falta. Ao menos ele achava isso quando decidiu agir. Queria porque entendia que sua vida seria melhor com aquilo do que sem aquilo.

Desse modo, é fácil concordar. Quem consegue o que quer em função de algo que fez é porque fez o que tinha que fazer. Logo, agiu bem.

Exemplos ululam em obviedade modorrenta.

Primeiro exemplo. Arlindo Negrão fez dieta para emagrecer. Se o resultado final da dieta foi o emagrecimento pretendido, a dieta foi uma boa ação. Tem valor positivo.

Segundo exemplo. Laura Mendes fez quatro anos de graduação em Filosofia para pensar de modo menos raso. Ao cabo do período, passou a fazer conjecturas bem mais sofisticadas do que no começo do curso. Conseguiu o que queria. Agiu bem.

Terceiro exemplo. Olavinho Gami xavecou Geralda para seduzi-la. Após três pelejadas horas de mesa de bar, entre gorós e croquetes, Geralda topou acompanhá-lo para um lugar mais reservado. Grande Olavinho. Mandou bem. Não é à toa a alcunha de "língua de mel".

Quarto exemplo. Roberto Antônio queria "subir na vida". Casou-se com Lucinha Tanaka, herdeira da produtora de ovos de mesmo nome. Tornou-se o "rei da gemada" nas quebradas que frequentava. Ficou um pouco nojento de jeito, é verdade. Mas que conseguiu "subir na vida", isso ninguém contestava.

* * *

Algumas premissas estão estabelecidas nesse jeito de atribuir valor à ação. Como o resultado ter de fato resultado daquela ação. Ou, para dizer de modo menos redundante, a ação ter sido a causa daquele efeito.

– Mas isso é óbvio – você pondera impaciente.

Calma. Tenha condescendência com minhas limitações. Esse é meu jeito de pensar. Em passos miúdos e tateantes.

Há que se considerar a seguinte hipótese:

No momento 1, alguém age tendo em vista um resultado, um efeito da sua ação. No momento 2, posterior ao momento 1, o efeito pretendido torna-se realidade. Porém, nesse caso, não houve nenhuma relação – de causa e efeito – entre a ação implementada e a ocorrência do efeito ou resultado pretendido.

– Não entendi. Explique melhor. Um exemplo pode ajudar.

Um exemplo, então.

Clarinha Nepomuceno quer casar com Olegário Pires. Ama-o de paixão. Quer tê-lo para si. Como homem de cama e companheiro de vida. Para tanto, torna-se fitness, com direito a intervenções de adição e subtração criteriosa de matéria intracorpórea, estuda psicologia, renova o vestuário e passa a frequentar a igreja todo final de semana.

Ao cabo de um par de anos desse desenvolvimento pessoal intensivo, termina por esposar seu amado, como tanto queria.

– Até aqui, nada de novo – você diz.

O interessante dessa história vem agora.

A concordância de Olegário nada teve que ver com as iniciativas de Clarinha. Até porque o noivo, moço viril e prendado nos jeitos e formas, contava com muitas pretendentes de diploma na mão, abdômen chapado, próteses estratégicas, roupas de grife, Bíblia na mão e talento para o lar.

O que fez pesar o coração do mancebo por Clarinha foi mesmo a sigilosa manobra de Finório Raposa, pai da nossa empedernida apaixonada, conhecido mandachuva local.

Entre muitas e tentadoras promessas, seguidas de algumas veladas ameaças, Finório conseguiu enfim fazer-se entender. Olegário, que nunca se destacou pelas abstrações, acabou por se dar conta de que seria melhor, para si e toda a sua família, que seu matrimônio com Clarinha se realizasse quanto antes, em meio a muita alegria.

Como podem ver, leitores e leitoras, Clarinha agiu para obter um resultado. O resultado foi alcançado. Mas não resultou da sua ação. E sim da pronta intervenção de Finório, seu pai.

Você diz com jeito aborrecido:

– Mas qual é o problema? Uma vez que o resultado foi alcançado, Clarinha está feliz, Olegário, de certo modo, também, Finório exultante com a alegria da filha etc. A cidade dormiu feliz e todo mundo agiu bem.

Ora. Não é bem assim. Não podemos atribuir valor às iniciativas de Clarinha, por mais louváveis que pudessem parecer, em função do que aconteceu na sequência. Porque, embora tudo tenha coincidido com o efeito por ela pretendido, nada resultou de sua ação, nada foi causado por ela.

Por isso, a estrita relação de causa e efeito é imprescindível para que esse tipo de avaliação tenha pertinência.

* * *

Até aqui, mencionamos duas situações extremas e opostas. Na primeira, o resultado decorreu completamente da ação. Foram os casos do emagrecimento, do curso de Filosofia, do chaveco e do moço que subiu na vida. Na segunda, o resultado não teve nada a ver com a ação. Foi o famoso caso de Clarinha e Olegário.

Vale observar que, nessa nossa vida supercomplexa e intrincada, raramente as coisas acontecem assim, tão simples e claramente.

– Não sei se estou entendendo.

Temos a fórmula. Alguém age. E sua ação (só ela) causa o efeito pretendido (ou não).

– Qual é o problema? Aprendemos a agir adequadamente para alcançar nossos objetivos. A vida tem muito disso, não?

O problema é que quase nunca, na vida a que você se referiu, as coisas acontecem num esquema como o de duas bolas de bilhar que se chocam e determinam o movimento.

– Uai. E por que não? Você mesmo citou vários casos de gente que agiu e alcançou o que queria por obra e graça exclusiva de sua ação.

Sim. Eu dei os exemplos. Mas mesmo nesses exemplos as coisas podem se complicar.

Comecemos por Arlindo Negrão. Fez dieta e emagreceu. Causa e efeito, você diz. É verdade. Mas vou introduzir no exemplo alguns detalhes que vão participar disso. Junto com a dieta, Arlindo tomou umas injeções na barriga a um custo de uns mil reais por semana. Contou com a orientação de nutricionista, psicólogo, endócrino e reumato. Todos de alto nível e bem remunerados. Fez, em paralelo, exercícios físicos numa academia com o auxílio de um personal.

Perceba, meus queridos, que entre a dieta e o emagrecimento há um conjunto de variáveis que participaram decisivamente para que "a causa" dieta acarretasse "o efeito" emagrecimento.

Você diz:

– Mas e daí? Emagreceu ou não emagreceu?

Opa. Emagreceu. E não foi pouco. Mas a dieta não foi causa única desse resultado. As coisas não teriam acontecido como aconteceram sem os médicos, os remédios e as ginásticas.

– Sim, mas poderia emagrecer mesmo assim.

Claro que poderia. Mas não do mesmo modo. Afinal, todos sabemos que a motivação para persistir na dieta depende um pouco de algum resultado parcial já alcançado. Que, quanto mais o resultado vai compensando a privação, mais ele ganha força, vai se justificando para quem se priva.

Você diz:

– Mas tanto os médicos quanto os remédios e a ginástica foram iniciativas da vontade de Arlindo. Estou de acordo que o valor não é só da dieta. Mas ele foi o responsável por todo o processo. Logo, o mérito é todo dele.

Muito bem. Você tocou no ponto certo.

– Por quê?

Porque nem sempre isso acontece. Nem sempre as variáveis que incidem sobre um resultado – ao lado da ação que estamos considerando – dependem da vontade do agente.

– Acho que não entendi.

É por isso mesmo que vamos ter que abrir um novo capítulo. Para falar disso. Quando se misturam as iniciativas de vontade com as forças do acaso. Por enquanto, vou manifestar a minha vontade, ou falta de vontade, atacando um doce de caule de mamoeiro macho que um ex-aluno me trouxe de Presidente Prudente.

Capítulo 13

# ASSIM É MOLEZA. ATÉ EU

Falávamos da relação entre uma ação e seus supostos efeitos. Da ação como causa de novas realidades. De um agente qualquer, causador dessas novas realidades por meio de sua ação. E do eventual mérito desse agente, quando essas novas realidades têm valor positivo.

O que devemos entender por causa nesse contexto?

Causa é o que produz, faz advir, faz existir ou condiciona alguma outra coisa. É o que permite, portanto, explicar a existência dessa coisa. Causa é a condição necessária e suficiente da sua existência. Ou o conjunto dessas condições, se houver mais de uma.

Para os que têm criança em casa, ou já tiveram um dia, a causa é o que elas insistem em querer saber quando enfileiram os seus porquês.

Para nós, modernos, toda causa requer um agente transformador. Assim, o fogo dá causa ao aquecimento, e este último dá causa à fervura da água.

O que chamamos de natureza constitui uma intrincada rede de ininterruptas causalidades. Os tais agentes naturais, de que tanto falamos, não param de causar por aí. Todos nós já sentimos no pelo alguns de seus efeitos.

Em meio a tudo que pode dar causa a alguma coisa no universo, encontra-se o humano. A sua intervenção deliberada é um agente transformador possível, entre tantos outros.

O mérito, de que estamos nos ocupando, é o valor positivo atribuído ao agente humano como desencadeador de efeitos. Por fazer advir, em função da sua existência ativa, uma realidade inexistente até então.

Não falamos de mérito quando nos referimos às relações causais flagradas na natureza. Isso porque entendemos que todas essas relações são necessárias, isto é, se produzem necessariamente. E daquele jeito por nós observado. Esses eventos naturais não podem se produzir de nenhum outro modo. Porque tudo na natureza só pode ser o que é e como é.

Sendo assim, na natureza não há valores morais ou éticos. Não há justiça e tampouco injustiça na perseguição do leão a sua presa. Não há avareza nem generosidade na obra arquitetônica de um joão-de-barro. Não há coragem nem covardia no disfarce cromático do animal marinho para escapar de seu perseguidor. Na natureza só há o que há. Sem mérito algum. Tampouco demérito, portanto.

Isso nos leva a inferir que, se é pertinente atribuir valor à ação humana, como é o caso do seu eventual mérito, é porque, no caso do humano, não haveria sempre essa necessidade. As ações humanas, resultantes de sua vontade e deliberação, poderiam se produzir ou não; poderiam se dar daquele jeito ou de outro.

Assim, o palestrante Clóvis de Barros foi ao interior de Santa Catarina palestrar. Poderia não ter ido. Palestrou de um certo modo. Poderia tê-lo feito de outro e outro e mais outro, de infinitos outros jeitos. Mas escolheu dizer o que disse. Do modo que disse. Usando as palavras que usou. Com suas ênfases retóricas e maneirismos. E, por tudo isso, atribuiu-se-lhe algum valor. Algum mérito.

Caso entendamos, como muitos ilustres pensadores o fazem, que, também na esfera da ação humana, tudo é necessariamente como só poderia ser, entraríamos todos na mesma categoria dos demais viventes e das demais coisas em relação às quais nenhum mérito ou demérito é cabido.

* * *

Como já dissemos, há quem vincule o eventual mérito da ação humana ao seu resultado. Bons resultados são a justa medida das boas ações que lhe deram causa. E essas boas ações sugerem o mérito de seus agentes.

Também já dissemos que esses resultados alcançados pelo humano podem depender de variáveis que não são por ele controladas. Essas variáveis, cuja incidência, repito, não depende da vontade do agente, podem facilitar, permitir, dificultar ou mesmo impedir a obtenção do resultado pretendido.

Quando facilitam, o eventual mérito do agente é logo arranhado. Afirmações como as que seguem são repetidas sempre que algum elemento facilitador compromete a façanha do agente.

Ah, desse jeito qualquer um consegue; ganharam porque o adversário jogou com o time reserva; com esse novo calção, qualquer um voa dentro da piscina; ele tirou dez na prova porque o professor facilitou muito na correção da segunda chamada; naquele lugar todo mundo sai aplaudido, eles aplaudem qualquer bobagem; neste gramado qualquer perna de pau vira craque.

Mas nem sempre as variáveis que incidem sobre o resultado jogam do lado do agente. Aliás, o mais frequente é bem o contrário. Nesses casos, a ação não resultou no que pretendia seu agente por conta da incidência concomitante de fatores dificultadores ou impeditivos desse resultado.

* * *

Tomemos um exemplo.

Um filósofo, professor universitário, foi convidado para dar uma palestra sobre ética em um evento corporativo. Seu conhecimento do tema é inegável. Mas aquele docente nada sabia sobre as particularidades do público, suas expectativas, repertórios e interesses.

Seu discurso, essencialmente conceitual, não foi apreciado. E a audiência se evadiu da sala durante sua exposição. O resultado final efetivamente alcançado ficou muito distante do pretendido por quem o contratou. Isso para ser elegante e dizer as coisas de modo não ofensivo.

Perceba que o conhecimento do palestrante sobre o tema era uma das condições – importante, por certo, como toda condição – para o êxito daquela iniciativa. Mas não era o único. O seu desconhecimento do público foi impeditivo do alcance dos objetivos almejados.

Isso faz pensar que há variáveis que, enquanto condições de ocorrência do resultado, são tão importantes que podem, por si sós, impedi-la.

* * *

Imagine agora que as coisas tenham se passado um pouco diferente. O professor, macaco velho de sala de aula, com passagens pela graduação e até pelo ensino médio, logo se deu conta de que os conceitos de "eudaimonia" e "imperativo categórico" não encontrariam naquele público uma recepção enriquecedora.

Com dez minutos de fala, o palestrante deixou de lado o que tinha preparado para dizer e foi por outro caminho. Passou a cogitar sobre os possíveis problemas de convivência que profissionais de uma empresa como aquela podem enfrentar no dia a dia. Seja na relação entre eles próprios, com clientes, fornecedores etc.

Falou do uso comum dos banheiros, dos brindes caros de final de ano, das promessas de venda antecipada canceladas em nome de uma oferta maior, das vantagens oferecidas a uns fornecedores amigos em detrimento de outros, de quanto os valores da empresa devem resultar de uma genuína e reconhecida importância comum a todos os frequentadores daquele espaço etc.

Um exemplo foi puxando o outro. A audiência foi se entusiasmando. O professor conseguiu até arriscar uma tirada mais irônica. Uma piadinha de salão. E contou com o riso da maioria.

Deixou uma importante mensagem a respeito da importância da reflexão sobre o tema e sobre a responsabilidade de cada um no zelo pela harmonia das relações.

No final, houve aplauso e apreço. O contratante considerou a missão cumprida. Se não foi exatamente como teria sido com um desses palestrantes renomados, a mensagem central tinha ficado clara. E isso bastava.

Perceba que, nesse segundo caso, o desconhecimento inicial do público foi dificultador da obtenção do resultado pretendido. Mas não foi impeditivo.

Raramente a ação de um agente alcança qualquer tipo de resultado de modo puro e isolado. Se formos rigorosos, nunca. De modo que todo valor de mérito ou demérito atribuído a esse agente vem envolto num véu de imprecisão e incerteza.

Na celebração de seus 93 anos, em cerimônia transmitida pela TV, o empresário e animador Silvio Santos, costumeiramente citado como alguém que começou como camelô e teve muito sucesso, declarou que toda a sua trajetória ele devia mesmo à sorte.

Bem, agora já chega. Por aqui o frio não dá trégua. Vou ver se ponho uma água para ferver e preparo um chazinho de gengibre com limão. Vai me aquecer a goela e por onde mais conseguir passar. A velhice obstrui. Até o próximo capítulo.

Capítulo 14

# MÉRITO SOB MEDIDA

Na meritocracia, manda quem tem mérito. E obedece quem não tem mérito, mas tem juízo. Veja que até para obedecer não pode ser qualquer um. Tem que ter algum juízo. Assim ensina a nossa sabedoria popular.

Essa noção de meritocracia já foi apresentada.

Mas quem é que tem mérito? E por quê?

Essa dúvida, por outro lado, ainda não foi resolvida.

Começamos, alguns capítulos atrás, alertando para a dificuldade a respeito dos atributos do mérito. Comentamos que três disputam a primazia dos argumentos: talento, esforço e resultado.

Observamos que o primeiro é um mimo da natureza. E o mérito costuma ser vinculado à vontade, e não a um dado da realidade natural que não foi objeto de nenhuma conquista.

O segundo, o esforço, atende melhor ao senso comum de justiça, como recompensa a quem se esforça. Por outro lado, é difícil de quantificar por ele mesmo.

O tempo de dedicação ao trabalho, por exemplo, como ficar até tarde no escritório, não assegura por si só esse esforço. Que o digam os reis da enrolação.

E o terceiro, os resultados, esses são mais fáceis de medir, o que é uma grande vantagem, mas esbarram no problema complexo da causa. Nesses casos, costuma-se ouvir repetidas assertivas do tipo:

– Eu não quero saber como você faz. Muito menos quanto tempo você fica aqui trabalhando. Preciso de gente que resolva meus problemas. Se conseguir fazer isso em cinco minutos, acho ótimo.

Há, portanto, uma certa indefinição a respeito desse fundamento.

A conclusão parece inevitável. Deve mandar quem tem mérito. Mas não sabemos ao certo quem tem mérito. Logo, não sabemos ao certo quem deve mandar. E continuamos na estaca zero.

* * *

Você, então, dirá:

– Mas no mundo do trabalho as coisas são mais diretas. Não há tanta preocupação com os conceitos. As empresas identificam, até com certa facilidade, este ou aquele colaborador que julga ter mérito e dão a ele algum poder.

Desse modo, fazem os demais colaboradores acreditarem que a coisa é pra valer. E que, se conseguirem o mérito dos primeiros, passarão a ter algum poder também.

Você tem razão. Um discurso desses não permaneceria sendo repetido até a náusea se não houvesse algum amparo nos fatos. Com efeito, não faltam os aquinhoados com a distinção de "operário-padrão", "funcionário do mês", "campeão da eficiência", "orgulho da firma", "referência para todos" e outros que tais.

Nesse caso, cabe a pergunta: como fazem para identificar, com tanta facilidade, quem tem mérito?

Aqui é que a inconsistência conceitual vem bem a calhar.

– Acho que não entendi.

Veja só.

Se a noção de mérito fosse claríssima – como a extensão do corpo, a massa, a idade, a acuidade visual – e não se prestasse a dúvidas, aqueles que de mérito fossem dotados estariam escancarados ante a simples constatação e chancela de todos. Caberia-lhes, nesse caso, exercer o poder meritocrático independentemente de quem fossem.

Mas, como não há essa clareza, inverte-se o processo. Em vez de dar o poder a quem tem mérito, fabrica-se um mérito "à la carte", sob medida para quem exerce o poder.

E quem exerce o poder?

O dono da bola, ora bolas. Desde quando se amarrava cachorro com linguiça. Ou um seu preposto.

Como assim, "o dono da bola"?

Essa figura do dono vai desde um pequenino empreendimento até uma grande empresa. O chamado "dono do capital". Ele pode exercer o poder e fazer funcionar pessoalmente ou pode colocar alguém para fazer isso no seu lugar.

Veja o caso de um CEO. Este pode ser também o dono. Mas não o é necessariamente. Há os profissionais de gestão, que exercem o poder no lugar do dono. Nesse caso, o dono do capital paga um salário de CEO para que este último sue a camisa em seu lugar.

Em tempos de economia agrária mais primitiva, já tínhamos a figura do capataz. Era o CEO da época. Só que muitas vezes não contava com um segundo escalão. Fazia ele mesmo a gestão, o comercial, vendia os produtos, RH dos escravos, resolvia conflitos jurídicos com os vizinhos, assegurava os limites da propriedade e garantia a sua rentabilidade.

Voltando ao mundo de hoje. Se quem for mandar for X, trata-se de identificar neste X alguns atributos mais salientes e propor uma cartilha de mérito que inclua, com destaque, esses atributos.

Torna-se condição de mérito a posse dos atributos daquele que deve mandar.

Pensando como dono, são os atributos de X que eu quero que mande. E que, em alguns casos, se confunde com meus próprios atributos, quando a divisão do trabalho ainda é rudimentar.

Desse modo, se X for conhecido e reconhecido pela eficiência, o mérito decorrerá dos resultados. Se for tido como um trabalhador incansável e resiliente, o mérito será uma questão de esforço.

Mas, se for alguém tido como abençoado por natureza, desses "extremamente inteligentes", "superdotados", "sagazes e astutos", "gênio dos negócios", nesse caso, a meritocracia se escorará em atributos inatos e de grande distinção.

Perceba que a noção de meritocracia carrega consigo uma ambiguidade, um vazio, que pode atender aos interesses de quem manda ou de quem quer continuar mandando.

Resta-nos considerar tudo isso no seio de uma sociedade. Numa perspectiva mais ampla. No caso de escassez. De ter que distribuir recursos sabendo que não há para todos os interessados. Ou, quem sabe ainda, não há para todos os necessitados.

Nesses casos relacionados a necessidades mais agudas do humano – um pouco diferentes das pretensões profissionais –, será que o mérito continua sendo critério atrativo? Distribuição de cestas básicas ou acesso a um hospital público para internação podem ser decididos por mérito?

Você tem certeza de que não. Mas pensa a respeito de onde possa estar a diferença de fundamento. E eu também. Mas, enquanto não chegamos a algo consistente, melhor atacar essas cerejas frescas que eu comprei do moço do caminhão de frutas que diariamente ocupa três vagas bem em frente ao meu prédio.

Capítulo 15

# O FIM DA FILA É L'ATRÁS! MANÉ!

Recomeçamos de onde paramos. Porque os pensamentos são como as páginas dos livros. Surgem sempre na sequência dos que lhes precederam.

Imaginemos uma sociedade qualquer. Nela há recursos. Bens, serviços públicos e privados, produtos para consumo etc.

Nessa sociedade que você imaginou pode haver recursos em abundância. A ponto de satisfazer todos os interessados e ainda sobrar.

Pensemos num exemplo. Acontece com algumas vacinas. É preciso implorar para as pessoas irem tomar. Esse caso de abundância e suficiência não nos interessa muito. Afinal, estamos a falar de mérito – e esse justificaria dispor do que é raro, e não do que está ao alcance fácil de qualquer um.

Imaginemos, então, outro cenário. Um que nos seja mais familiar. Com recursos escassos. Isto é, nesse caso, há algum recurso disponível, mas não o suficiente para todos que gostariam de obtê-lo ou precisam dele dispor.

Desse modo, não havendo o bastante para todos, só há duas soluções possíveis:

Primeira solução: divide-se tudo que há em partes iguais, de modo a cada pretendente receber um quinhão equivalente ao dos demais.

Segunda solução: destina-se o recurso só para alguns.

– E os outros? – você pergunta inquieto.

Os outros ficarão sem. Pelo menos por ora. Enquanto não houver mais recursos para distribuir.

– Eles não podem se mobilizar, reivindicar, lutar, revoltar-se?

Por isso é importante que a distribuição esteja ancorada em algum critério que seja entendido por todos como garantidor de justiça, de uma distribuição justa.

– Penso que se deveria sempre distribuir tudo o que há entre todos, mesmo que seja pouco para cada um.

O problema de dividir em partes iguais é que nem sempre o recurso é divisível.

– Como assim?

Veja.

Podemos dividir alimentos como arroz e feijão no limite da unidade de grão. Podemos dividir o pão. Distribuir leite em pequenos frascos. De modo a todo mundo ficar com um pouquinho.

Por outro lado, uma vaga para a formação de diplomatas no Instituto Rio Branco não se parte em quatrocentos, tampouco em quatro.

Aliás, retomando o exemplo da vacina, não havendo disponível para todos, é inadequado dar um pouquinho para cada um.

Nesses casos, não tem outro jeito. Alguns receberão o recurso, enquanto outros, muitos outros talvez, ficarão sem.

* * *

A pergunta óbvia salta ao espírito de todos. Como identificar, com justiça, quem vai receber e quem não vai receber o recurso? Ou, dependendo do caso, quem vai receber antes e quem vai receber depois?

Muitas são as soluções cogitáveis dependendo do tipo de recurso.

No caso de uma pandemia, com focos de incidência, prioriza-se obviamente aqueles que se encontram nesse nicho de vulnerabilidade. Assim, no caso da Covid, a idade indicava fator de risco. E os idosos tiveram preferência.

Observe que, na alocação de recursos relacionados à saúde das pessoas, sobretudo em tempos de crise, não há muito o que discutir. Os cientistas definem os procedimentos a serem seguidos e lhes conferem legitimidade.

Você se lembra de termos que passaram do nada a circular nas conversas de todo mundo, tais como "comorbidade".

A despeito dessa legitimidade toda, sempre há resistência quando se trata de exercício de poder. Surgiram, assim, na época da pandemia, discursos que negavam a veracidade das assertivas científicas sobre vacinas.

* * *

Bem. Esqueçamos por ora a pandemia.

No caso de uma catástrofe natural, é lógico dar preferência aos recursos escassos doados aos mais atingidos. Aliás, essa é a condição para que as doações continuem acontecendo.

Nem sempre a urgência e a gravidade reinam soberanas.

Há também a tal da fila. Isto é, uma ordem de chegada. Preferência por antiguidade de espera. É o caso de transplantes.

Hoje, como sabem, muitos órgãos já podem ser transplantados. Mas o número de pacientes à espera de um órgão doado em condições que lhes sirva é muito maior do que o montante de recursos disponíveis, isto é, os órgãos efetivamente doados.

Entende-se aqui, quase sempre, que os necessitados desse recurso se encontram em situação de gravidade equivalente e, portanto, surge um segundo critério na escala de princípios éticos a respeitar: a ordem de chegada.

A ordem de chegada, ou a fila, também é fator de legitimidade na distribuição de recursos. Muitas vezes, argumenta-se pela justiça dessa primazia em função do maior ou menor tempo de sofrimento que toda espera demanda.

Por isso mesmo, toda transgressão ao critério da ordem de chegada gera muita revolta. E as advertências aos desavisados costumam ser incisivas mesmo quando o recurso pretendido seja de menor monta.

– Oh, companheiro, o fim da fila é lá atrás; estou aqui há mais de duas horas esperando.

* * *

Em meio a tantos exemplos, para além de todos esses critérios acima apresentados, há recursos escassos cuja alocação requer algum mérito por parte do agraciado.

Nesses casos, entrega-se em primazia o recurso a quem dispõe de algum, em relação ao outro que não tem nenhum ou dispõe de mais do que outros.

Entende-se que o agraciado com o recurso em função do mérito se torna, de certo modo, empoderado por dispor desse recurso. E, desse modo, faria sentido falar em meritocracia. Exercício legítimo de um certo poder por parte de quem tem algum mérito.

Em outras palavras.

Aquele que recebe o recurso passa a ter um poder de agir sobre o mundo, aceito por todos, em função justamente do recurso de que passou a dispor.

Com efeito. A distribuição de um recurso por mérito também confere ao processo um ar de justiça que legitima a escolha. Torna toda distribuição seletiva aparentemente justa, aceitável, correta etc. De modo a evitar ou diminuir a chance de revolta dos preteridos.

Para distribuir os recursos segundo a meritocracia, é, obviamente, necessário identificar, dentre os pretendentes, os que têm algum mérito. E, no caso de haver mais meritórios do que agraciáveis, identificar, entre eles, os que têm mais desse mérito.

Mas isso é assunto para mais tarde.

Agora é tempo de um bom banho de banheira com sais. Como não disponho em casa nem de banheira nem de sais, vai uma duchinha mesmo. Bem quente, porque faz frio. Um dia ainda compro uma dessas duchas de hotel.

Capítulo 16

# RICHARD E O DIAMANTE NEGRO

Quem define o mérito, define também os seus detentores. Os meritórios. Os que merecem.

E a gramática ensina: quem merece, merece alguma coisa. Verbo transitivo direto. Esse alguma coisa é positivo. No caso da meritocracia, já sabemos, é exercer o poder.

Dependendo de qual atributo, competência, disposição ou resultado for identificado como meritório, o troféu em disputa será arrebatado por um ou qualquer outro dos contendores, candidatos a exercer o poder.

* * *

Lembro-me de um técnico americano de natação que conheci em tempos de adolescência. Seu nome era Richard.

Éramos poucos a treinar com ele na parte da manhã. No final do treino, ele reunia aquele pequeno grupo e pedia que cada um falasse sobre a experiência daquela sessão natatória. Solicitava também uma autoavaliação do treino e sua justificativa.

Dependendo do que cada nadador dissesse, considerada a clareza do enunciado, a lucidez das ponderações e, sobretudo, o entendimento justo do que tinha acontecido dentro da piscina, uma barra de chocolate lhe era oferecida. Ou não.

Em outras palavras, obter aquele prêmio implicava uma competência intelectiva, a de descrever o próprio treinamento e atribuir-lhe valor. Algo do tipo "hoje eu mandei bem", "deu pro gasto" ou "foi um lixo".

O interessante daquela premiação era o deslocamento do mérito da prática natatória em si – dedicação, tempos obtidos, precisão no estilo etc. – para outra, claramente periférica naquele universo competitivo, isto é, a de conseguir expressar e julgar com clareza os acontecimentos.

Desse modo, o chocolate não era entregue pelo treinador a quem tivesse treinado bem. Mas, sim, a quem manifestasse lucidez sobre a prática realizada. Era esse o mérito que lhe importava naquele momento.

Ele dizia que, na natação, tão importante quanto o esforço do nadador ao longo dos treinos era a sua inteligência, indispensável a todo aperfeiçoamento.

Eu achava esse treinador o máximo. Não só pela relevância atribuída ao pensamento e ao discurso, mas também pelo seu entendimento profundo do papel de um treinamento e de uma disputa competitiva na equação da vida boa de um humano. Tratava-se de um autêntico filósofo da natação.

Acrescente-se que o desempenho esportivo de seus atletas costumava ser excelente. Tendo levado o clube pelo qual nadávamos, antes dele sem nenhuma relevância no cenário de desportos aquáticos, ao título nacional interclubes.

O certo é que me lembro dele porque contava diariamente com um Diamante Negro pequeno ao término de cada treino. Se o valor econômico da prenda era acanhado, a escassez de energia ao cabo da atividade conferia-lhe um valor de circunstância extraordinário.

Por outro lado, se a iguaria fosse entregue a quem tivesse treinado com mais empenho, eu, provavelmente, nunca teria adoçado o bico. Isso porque, no grupo, havia gente muito mais dedicada e ávida por conquistas esportivas do que eu.

* * *

Um exemplo, menos pessoal, que durante décadas ocupou parte de minhas atenções e afazeres acadêmicos.

Penso nas vagas em universidades públicas para os cursos de graduação. É indiscutível que essas universidades são o sonho de consumo de quase todo vestibulando e de suas famílias.

Porque são de excelente nível, ocupam sempre os primeiros lugares entre as melhores em cada um de seus cursos, são responsáveis por quase toda a produção científica do país e ainda são gratuitas, detalhe nada desprezível para quase todos os brasileiros.

Então, é claro que, com exceção de uma elite muito particular, o resto da sociedade quer que seus filhos estudem nas universidades públicas federais e estaduais. Só que não há vaga nessas universidades para todos os candidatos.

Desse modo, apela-se para uma questão de mérito. Vai exercer o poder, ou seja, vai obter uma vaga na universidade pública aquele que passar pelo Enem ou pelo vestibular.

Eis um rito de passagem que se impõe sem discussão.

De fato. Desde muito cedo, em nossa trajetória escolar, ouvimos falar desse importante momento. É uma legitimidade também apoiada na tradição. Um procedimento usado há muito tempo acaba sendo inquestionável justamente por isso.

Os que têm em casa algum irmão mais velho, em idade de concluir o ensino médio, já podem acompanhar por antecipação, de camarote, as incertezas e os temores dessa etapa da vida.

Mas as advertências, explícitas ou não, circulam pelo ambiente.

– A tua hora vai chegar!

Desse modo, não se cogita a distribuição dessas vagas de outro modo. O desempenho comparativo na realização de uma prova comum a todos os pretendentes parece ser o mérito óbvio para alcançar o prêmio em disputa.

É o procedimento legítimo – entendido por indiscutivelmente justo – de discriminação entre os exitosos e os fracassados. De identificação dos que "passaram" e dos que "não passaram", daqueles que vão "entrar" na faculdade e dos que permanecerão de fora.

Você me pergunta: por que desempenho comparativo?

Ora. Porque o que vai permitir o êxito, a vitória, o triunfo não é o desempenho puro e simples. E sim o desempenho em relação aos demais postulantes.

Não é preciso muita reflexão para entender tanta concordância.

Muitos vinculam esse desempenho na prova a um esforço de preparação. Frases como "ninguém merecia mais do que ele; passou o ano inteiro ralando enquanto todos os seus colegas se divertiam" são sempre ditas contando com a adesão fácil dos interlocutores.

Alguns outros fundamentam o mérito do desempenho comparativo não no esforço já feito, mas, sim, na competência demonstrada, que qualificaria aquele postulante para a realização do curso nos anos a seguir. Nesse caso, ele merece não pelo que fez antes – e permitiu o desempenho –, mas pelo que poderá vir a fazer, a julgar pelos seus resultados.

Lembro-me de um professor na faculdade de Direito que me disse que a ele não interessava quanto aqueles alunos calouros tinham efetivamente se esforçado para passar no vestibular. Até porque ele nunca poderia ter certeza disso. Ironizou sugerindo que quadrúpedes de carga costumam ser muito esforçados.

Nesse caso, os candidatos aprovados não seriam meritórios pelo modo como se prepararam. Porque isso já não importaria mais. Mas, sim, por terem se mostrado os mais qualificados para realizar um bom curso.

– Eis o que deveria ser considerado pela instituição – dizia o professor.

* * *

O critério da prova seletiva vincula o mérito do candidato a uma competência cognitiva: domínio de certos saberes, capacidade interpretativa, de atribuição de sentidos, capacidade avaliativa, de atribuição de valores a respeito de conteúdos discriminados nos programas de prova e que, supomos, correspondam às competências que a universidade entende sejam indispensáveis para o ingresso em seus cursos de graduação.

Você que me lê com atenção estará se perguntando – ou estará a se perguntar, se tiver aprendido português na Europa ou na África: esse mérito definido em prova, que facultará ou não o ingresso na tão sonhada universidade pública, está fundado em talentos, em práticas ou em resultados?

Verifiquemos juntos.

Não se trata, nesses casos, de avaliar talentos. Com honrosas exceções, cursos que incluem uma prova prática, como eram os de Artes Cênicas e Arquitetura.

Tampouco se trata de medir esforços ao longo de três, quatro ou mais anos de estudo e vida escolar. Os examinadores não têm conhecimento dos níveis de dedicação de cada candidato em suas instituições escolares.

Estamos, portanto, falando de um desempenho episódico. Que permite, em algumas horas de um momento da vida, alcançar (ou não) um resultado. Quantificável como indicam as notas de corte.

* * *

Ora. Como já dissemos, a avaliação do valor de uma ação pelo seu resultado implica algumas dificuldades filosóficas que exigem – para funcionar em termos práticos – um certo empobrecimento de avaliação.

Antes de mais nada, porque resultados costumam resultar de complexa soma de vetores causais, em meio aos quais encontra-se a ação destacada como causa e ungida com mérito.

Ter tido um bom desempenho no Enem tem seu valor. Ter tido um desempenho comparativo suficiente para triunfar já depende do resultado dos outros. O que nada tem a ver com o mérito do candidato.

Quero dizer que o desempenho de um candidato, se avaliado em comparação a outros despreparados, poderá ser suficiente para o seu triunfo. Contudo, se qualificarmos a concorrência, o mesmo desempenho poderá se tornar fracassado.

Não faltam os arautos das expressões de algibeira a anunciar que "em terra de cego, quem tem um olho é rei".

Se as competências exigidas para um bom desempenho comparativo fossem outras, por exemplo, no lugar de saber aplicar a lei dos cossenos, conseguir sobreviver por mais tempo nas ruas da cidade grande, sem comida, sem dinheiro, sem lugar para morar, é possível que o grupo a ser agraciado com as vagas também fosse outro.

Portanto, veja que, a partir da definição do substrato legítimo do mérito, definem-se também os seus titulares. Os que têm mérito. Os que merecem. E no caso de meritocracia, serão esses mesmos a exercer o poder, seja hoje, seja amanhã.

Afinal, é de meritocracia que estamos falando. É meritocracia o termo que todo mundo repete quando quer conferir um verniz de profissionalismo e gestão eficaz às suas escolhas.

* * *

Portanto, entenda bem, na hora em que, dentro da sua empresa, alguém disser "é, aqui tudo funciona na base da meritocracia", levante a mão e pergunte:

– O que você entende por mérito exatamente?

Serão os talentos inatos de cada um? Será a sua formação escolar e universitária? Serão o empenho e o esforço de cada um no trabalho? Será decorrente de uma avaliação isolada ou comparativa? Estará no resultado efetivamente obtido pelos colaboradores?

Se a resposta for evasiva, algo como um pouco de tudo isso, pondere que essa falta de clareza pode prejudicar a justiça do processo.

Não se trata, portanto, de acabar com a meritocracia. Mas, sim, de torná-la rigorosa, precisa e confiável.

* * *

Estou na aeronave, regressando. Bate e volta São Paulo-Salvador. Para palestra na Praia do Forte. Correu tudo bem. Mas o cansaço bateu. E, com ele, a fome. Proibi-me de comer doce até outubro. O que sugere a vitória momentânea da vontade sobre o desejo. Ganhei muitos doces no evento. Serão distribuídos entre meus filhos.

Mas, concorde comigo, ninguém merece ficar faminto com a mala de bordo repleta de maravilhosos bombocados.

Capítulo 17

# A LIBIDO DOS ENGAVETADOS

O tema deste capítulo é capacitação. O termo é repetido nas instâncias corporativas há algum tempo.

Não vá se assustar com o que direi agora.

"Capacitação tem a ver com capacidade."

Por essa você não esperava, hein! Incrível essa minha capacidade de estarrecer o leitor em cada parágrafo!

– Essa é boa. Paga-se caro pelo livro para se deparar com semelhante bazófia. O autor não passa de um fanfarrão. Sugerir que "capacitação" tem a ver com "capacidade" é tudo que tem a nos dizer sobre o tema? Realmente, é zombar da nossa cara.

De fato. Você tem razão.

Galhofas à parte, admito que o recurso didático proposto não permitiu um ganho robusto de entendimento sobre "capacitação". Mas fico feliz de ter despertado sua indignação. É um poderoso antídoto contra o sono, monstro ameaçador dos leitores de textos enfadonhos.

Mas tudo que parece muito elementar pode esconder complicações. Antes de mais nada, dizer que uma coisa tem a ver com outra é muito impreciso. Fica quase tudo por esclarecer. Qual a relação entre esses termos? Significam a mesma coisa? Quase a mesma coisa? A semelhança é meramente fonética?

Caso você goste do "ter a ver", cabe então a pergunta: o que é que, afinal de contas, capacitação tem a ver com capacidade?

* * *

Pensemos juntos. Vale começar pelo mais simples. Só assim conseguiremos contrastar as nossas conclusões com os entendimentos mais recorrentes.

Para falar de capacitação, sugiro tomarmos em auxílio uma noção irmã: formação.

Esse termo "formação", por sua vez, faz pensar em "forma". Como você vê, neste capítulo eu não paro de surpreender. Mas não precisa se exaltar novamente. Prometo navegar por águas promissoras.

– O que "formação" tem a ver com "forma"? Quando penso em forma, o que me vem à cabeça é a forma de um objeto. Como a mesa redonda de jantar lá de casa. Qual o nexo da redondeza da mesa com a formação de um jovem ou de um estudante universitário, por exemplo?

De fato, a relação entre ambas parece distante. Mas é isso mesmo. Toda formação é atividade que dá forma. Que permite conferir – em alguma coisa – alguma forma ainda não existente.

Você continua intrigado.

– Como assim? O que significa "conferir uma forma"?

Vamos lá. Os exemplos sempre nos socorrem.

O escultor, ao usar seu instrumento de trabalho, está a conferir forma de escultura ao bloco de mármore. No caso dessa escultura específica, a forma é de um homem que está a pensar. De um pensador. Com o queixo apoiado sobre a mão em punho fechado e o cotovelo apoiado sobre a coxa.

Um segundo exemplo na mesma linha de pensamento.

Em *Ghost*, o lindo casal do filme (Demi Moore e Patrick Swayze) está a conferir forma de vaso ao barro. Ou será argila? O certo é que, naquela cena, o principal e o secundário se misturam deliciosamente. A artesania e o erotismo entrelaçam-se em harmonia perfeita, ativando a libido romântica de qualquer um dos espectadores. Até dos mais engavetados.

Um último exemplo, mais próximo das inquietações deste livro.

Um grupo de mestres, ao oferecer formação, confere forma de terapeuta ou de psicanalista ao estudante.

Nesse último caso, a matéria na qual se imprimirá uma forma não é nem mármore nem barro. É gente, como dizem. É o humano. A materialidade aqui é menos tangível. Afinal, estamos falando do que a filosofia chama da vida do espírito. Mais especificamente, da parte relacionada à cognição.

Deixamos claro até aqui que todo trabalho de formação se realizará a partir de uma materialidade que o precede. Mais do que isso. Que, enquanto houver essa formação, não há (ainda) a forma desejada. Toda formação é, portanto, uma atividade de transformação. Faz advir uma outra forma, que não existe até estar concluída.

Com essas reflexões na manga, podemos voltar a nossa noção de capacitação.

Tal como na formação, a capacitação também trabalha uma materialidade por ora descapacitada. Pretende, desse modo, fazer advir uma capacidade ainda inexistente.

Por isso dizemos que capacitação e capacidade são excludentes. Como vida e morte. Enquanto houver a primeira (ainda), não há a segunda. Quando houver a segunda, já não há (mais) a primeira. Ao menos não aquela específica que visava o resultado já obtido.

* * *

A ideia de fazer surgir algo que não existia antes pode ser intrigante. Será como a criação divina? Que fez o mundo a partir do nada. Ou como a do mágico? Que sugere a percepção de um fenômeno escondendo seus efetivos nexos de causalidade.

Bem. Conservemos o paralelo com a formação. Serve-nos como amparo didático. Ou como referência.

A formação confere forma – ainda inexistente – a uma matéria preexistente. Assim faz, como vimos, o escultor com o bloco de mármore. Nesse caso do escultor, a natureza da atividade fica clara: não se trata de tirar do nada. O escultor age sobre a matéria, o bloco de mármore, impondo-lhe uma transformação específica e desejada.

O mesmo acontece na capacitação. Ela incide sobre indivíduos ainda não capacitados – ao menos não em relação à capacidade que se pretende fazer surgir. Tal como no caso do escultor, quem capacita tampouco cria do nada. Transforma uma realidade preexistente.

E aí você pergunta:

– Se a matéria sobre a qual trabalha o escultor é o mármore, sobre que matéria trabalha quem capacita?

Dizer que toda capacitação parece incidir exclusivamente sobre humanos é afirmação quase redundante que se mantém para dar fôlego a escritor e leitor/leitora. O mais próximo de capacitação que não incide sobre humanos é o adestramento de alguns animais.

Quanto às plantas ou outros seres sem vida, não tenho notícia de que estejam sendo submetidos a algum tipo de capacitação. Sou cauteloso porque as novidades da internet podem ser muito surpreendentes.

O que, sim, acontece cada vez mais são novas formatações, como no paisagismo e na jardinagem.

Para nossa sorte ou azar, espera-se de toda capacitação algo de diferente em face do adestramento. Uma especificidade intelectiva, crítica, simbólica, reflexiva. Vale lembrar que, para muitos zoólogos, essa fronteira é muito mais de grau do que de categoria.

Dizendo de outro modo. Não há que atribuir ao humano a exclusividade da chamada vida do espírito. Os demais animais também pensam, elaboram, distinguem, relacionam, deduzem em graus diferentes de complexidade. Essa discussão é interessantíssima, mas nos é completamente irrelevante.

* * *

A capacitação é uma exigência da vida humana. Mas por quê?

Talvez porque os demais viventes já tenham nascido capacitados para viver a vida de suas espécies. E o humano, para viver uma vida propriamente humana, precisa aprender ou desenvolver competências.

Nesse sentido, nossa sina seria mesmo a de um aperfeiçoamento ininterrupto. Porque a natureza nos teria deixado na mão. Porque talvez sejamos mesmo prematuros. Tirados do forno da maternidade antes do tempo. Tanto que, se abandonados à própria sorte, não sobrevivemos. Resta mesmo aprender a viver.

E cada instante da vida é oportunidade. Do primeiro choro ao último suspiro.

Não é difícil de se dar conta. A sociedade que passamos a integrar ao nascer espera de nós atividades e realizações que exigem competências indisponíveis ao nascer, por natureza.

Há que saber muita coisa que não nascemos sabendo. Bem como pensar como não pensávamos ao nascer. Há que comunicar para além de choros e gritos. Há que fazer muito e cada vez mais. E nós nem sequer andar andamos. Não ainda.

Fica claro que toda capacitação terá atributos, características, ritmos e intensidades compatíveis com as expectativas e necessidades de quem já estava vivendo antes de nós e, em muitos casos, já fora capacitado das mesmas capacidades antes de nós.

Desse modo, essa capacitação se dará segundo variáveis próprias das diversas sociedades, em diferentes momentos da história, condições geográficas, situações econômicas, determinantes políticas etc.

Mas sobre isso vale abrir um novo capítulo. Até porque hoje foi Fortaleza. E Fortaleza mexe comigo. Em Fortaleza tem doce de caju. Tem São Geraldo. Tem purê de banana-da-terra. Tem costelinha.

E teve palestra em evento de educação. Para professores.

Capítulo 18

# CINQUENTA ANOS EM CINCO

Meu pai sempre dizia que sua formação – na escola técnica que frequentou – lhe permitira passar por cinquenta anos de exercício profissional sem sobressaltos.

Em outras palavras:

Sua trajetória escolar – constituída por cinco anos após o término do antigo ginásio, hoje fundamental – fora suficiente para trabalhar por cinco décadas sem grandes lacunas de conhecimento que comprometessem seu desempenho de todo dia.

Desse modo, ele teria preparado, na escola, com suficiência, cinquenta anos em cinco.

Vejam bem, queridos leitores e leitoras.

Estou falando do meu pai. Não de um artesão ferreiro da Idade Média tardia. Tampouco de um mineiro da primeira Revolução Industrial. Trata-se de um legítimo representante do século 20. De um homem que nasceu, viveu e morreu nos anos 1900. Que faleceu apenas dois anos antes de o século passado terminar.

Em termos históricos, é um contemporâneo.

* * *

O que essa certeza de meu pai sobre seus estudos nos faz pensar?

Que, embora ele tenha vivido há muito pouco tempo, podendo, a rigor, estar vivo até hoje, o trabalho em sua época de vida profissional era outra coisa. Farinha de outro saco. Com exigências sem parâmetro de comparação com as atuais.

Mais especificamente, retomando o tema da escolaridade de que tanto se orgulhava, a capacitação exigida de nossos profissionais no atual mundo da produção de bens e serviços nada tem a ver com a bem-sucedida formação escolar de seu tempo.

– Está sugerindo que nossas escolas técnicas são inferiores às de antigamente?

De jeito nenhum. A rigor, não tenho garantias históricas para realizar essa comparação com alguma credibilidade. Mas tenho a impressão de que a formação técnica de hoje é superior à de outrora. Bem superior.

– Mas então eu não entendi. Como é que no tempo do seu pai ela poderia ser inferior se dava conta de preparar o aprendiz para exercer uma profissão por décadas?

O que mudou foi a aceleração do mundo, das relações de produção e serviços, bem como dos problemas a serem solucionados por qualquer profissional. Tudo isso exige um aperfeiçoamento de competências já existentes e o ganho de outras tantas completamente inéditas e impossíveis de serem fomentadas no mesmo período de vida escolar.

Sem nenhum exagero, nos dias que correm, muita formação técnica se mostra defasada no instante mesmo em que é oferecida. Isto é, no dia em que a concluímos, já há insuficiência para a resolução dos problemas em curso.

Por essa razão, a capacitação profissional deixou de ser uma atividade estritamente escolar ou universitária, restrita a uma fase específica da vida, como os tais tempos de escola ou de faculdade. Tornou-se continuada, estendida no tempo, que segue viva ao longo de toda a existência. Avançando, desse modo, dos muros escolares aos espaços profissionais.

Assim, esses últimos acabam assumindo, cada dia mais, um papel educativo. Algumas universidades corporativas oferecem um leque de conteúdos *online* para cursos a distância que supera de longe qualquer formação universitária copresencial.

Ao longo de décadas, participei como curador e professor de iniciativas desse gênero. Com orgulho, me gabo de ter dado corpo às universidades de dois dos maiores bancos brasileiros. E ambas foram consideradas, em anos sucessivos, com notável premiação, a melhor do mundo.

Ora, para além dessa pífia autopromoção, o que realmente importa vocês constatarem aqui?

Que já não faz sentido a ideia de uma vida dividida em fase de capacitação e fase de execução. Essa sequência já não atende mais às exigências do mundo atual.

Não se trata só de continuar estudando e aprendendo em pleno exercício profissional. Mas também de antecipar o contato prático com as coisas do mundo do trabalho em forma de estágios, concomitantes aos anos de vida escolar.

* * *

– Mas, então, escola e trabalho viraram tudo uma coisa só? – você pergunta com estranhamento e desconforto.

De jeito nenhum. Apesar dessa concomitância, há importantes fronteiras que separam e distinguem a vida de estudo e a vida de trabalho. Tais como o foco e a urgência.

De fato. O estudante aprendiz segue um programa de conteúdos num ritmo compatível com o tempo de capacitação disponível. Aqui o foco é o aluno. O seu aprendizado. Seu momento de aprender a fazer, de errar, de arriscar, de entender melhor etc.

* * *

Como é óbvio, tudo isso muda quando se é trabalhador.

No interior das organizações, tudo gira em torno do desempenho efetivo, do resultado, da vitória em face dos concorrentes e do lucro. Por essa razão, é preciso aprender a toque de caixa, como se diz.

O conhecimento e o tirocínio do colaborador só importam aos olhos do empreendedor na medida em que permitem a esse último alcançar os resultados pretendidos.

Aqui, o mais importante não é o aprendiz e seu engrandecimento. Nem mesmo quando se trata de um estagiário, supostamente em atividade de aprendizagem. O que costuma haver é exploração do seu trabalho a baixíssimo custo.

Vocês entenderam tudo. Escoaram ralo abaixo as últimas gotas de generosidade ainda presentes na alma de vocacionados docentes. O jogo agora é de campeonato. E toda iniciativa vale muito dinheiro.

Essa certeza – cada vez mais compartilhada – de que nunca se sabe o suficiente tem consequências emocionais evidentes.

Porém, empregadores, contratantes, gente de RH e os próprios postulantes oficialmente capacitados estão conscientes de que não há nada pronto e acabado.

Com efeito. Durante a capacitação, ainda havia alguma preocupação com o aluno aprendiz, seus interesses, seu repertório, suas forças e fragilidades.

Ainda era possível aprender degustando o aprendizado, linkar com calma o novo ao velho, fazer perguntas e solucionar dúvidas. Olhar para a realidade com um certo recuo. Para as interpretações em voga com algum espírito crítico. Cultuava-se uma certa tolerância, uma licença didática, um pretexto aprendiz, uma indulgência ao iniciante.

Mas, em algum momento dessa vida de formação, tudo isso muda de vez. O foco passa a ser em soluções. Em resoluções. Em decisões. E em tudo o mais, agora o foco passa a ser definitivamente outro.

* * *

Por isso, os ritmos também são outros.

Na escola, tudo se organiza em períodos anuais, semestrais, bimestrais. O aprendizado, as avaliações, as recuperações, as dependências, as aprovações etc.

Assim, é possível antecipar o que será aprendido em seu tempo. As aulas têm duração predeterminada. Os semestres contam com um número também fixo de horas-aula. Tudo é pensado – ou deveria sê-lo – em função da formação do aluno. Para que seja a mais extensa possível, dentro de parâmetros de razoabilidade discutidos em reuniões de coordenação desde o início do período.

Como você deve imaginar, no trabalho a banda toca em outra cadência.

Os problemas, bastante reais e concretos, surgem numa frequência mais ou menos descontrolada.

– Como assim, descontrolada?

Regida pela batuta de estratégias, iniciativas e manobras de todos os jogadores daquele mercado específico, pelas tendências volúveis de consumo, bem como por cenários de economia global, de economia interna, geopolíticos e de política interna, sempre resvaladiços e de antecipação temerária.

Vem tudo em avalanche sem avisar. E é preciso se virar nos trinta sem sair do tom.

* * *

Antes de fechar a conta e passar a régua neste capítulo, vale se perguntar o que tudo isso tem a ver com o tema do *happy hour*.

Perceba apenas que, tanto nos tempos do velho Clóvis de Barros quanto nos atuais, o estudo é considerado um instrumento. Com valor restrito a sua utilidade. No caso dos tempos de outrora, aplaudia-se um estudo que atendia às necessidades e resolvia os perrengues por mais tempo. Nos tempos atuais, a utilidade do que é ensinado e aprendido escoa mais rápido.

Uma coisa permanece. Em nenhum dos dois casos vislumbra-se a possibilidade de considerar o valor do conhecimento por ele mesmo. Pelo regozijo de aprender. Pelo gáudio de vir a saber. Pela elevação de pensar melhor. A felicidade é prometida para mais tarde. Para a hora de usar tudo aquilo, de aplicar o ensinamento, de pôr a mão na massa para fermentar a grana do patrão.

Uma felicidade procrastinada, portanto. Transferida para o devir. Para fora dos muros escolares. Para quando e onde a vida for pra valer.

Como se vê, vem de longe o adestramento para uma hora feliz deixada para depois.

Mas como nessa eu não embarco sempre, hora de pôr no micro-ondas o bife à parmegiana maravilhoso que me mandaram de Itu.

Capítulo 19

# CULTURAS DE AUTOESTIMA CLAUDICANTE

Muitas escolas de gestão ou de negócios preparam seus alunos a partir da análise de casos particulares. Esse método de aprendizado acabou recebendo a alcunha simplória de "estudo de *cases*".

Esse último termo é enunciado em inglês. Lê-se keises.

Ainda que tenhamos praticamente o mesmo vocábulo em português, com uma singela letra de diferença, o uso desse idioma costuma facilitar o ludibrio de incautos, causando sempre boa impressão em culturas de autoestima claudicante.

* * *

– Como assim, "estudo de *cases*"?

Hoje você já acordou assim, cheio de vontade de aprender.

Então vamos lá. Vou tentar explicar com "simplicidade de salsinha", expressão de Salete, filha de Dino e Darci, gente querida de Ribeirão, que temperava como ninguém um bolo de carne.

Apresenta-se uma situação concreta, ocorrida de fato ou apenas imaginada, com protagonistas e seus interesses, e o aluno é convidado a analisá-la, seguindo alguns protocolos propostos pelo docente, e sugerir estratégias e ações dos envolvidos, justificando-as.

Essas sugestões são submetidas ao grupo e discutidas. A orientação dos debates é no sentido de identificar a melhor solução, assumida por todos como imbatível para aquele cenário.

Ao longo das aulas do curso, esses casos vão se acumulando. O aluno vai se servindo do que já aprendeu em casos anteriores para inferir novas proposições procurando alcançar uma nova solução ótima.

Desse modo, ao cabo de um semestre letivo, ou ano letivo, algumas dezenas de casos terão sido destrinchadas. Pouco a pouco, constituiu-se uma espécie de tabela, bem firmada no espírito, de correspondência entre alguns casos e suas soluções ótimas.

Assim, qualquer novo caso já suscita no grupo a aproximação deste ou daquele caso antigo de aparente semelhança.

Terminada essa fase de formação, o agora profissional seguirá operando por analogia. Inferirá o que fazer sempre a partir do que já sabe, do que lhe foi ensinado. Passará a se servir dos casos de que dispõe como referência e que ora lhe oferecem terreno firme, conhecido e seguro.

* * *

Uma vez identificado o caso modelo que mais se aproxima da situação agora vivida, há que ter a cautela de promover algum tipo de adaptação. Afinal, a solução ótima aprendida na escola, tal como fora sugerida, destinava-se à solução de um caso específico que não coincide – completamente – com o que ora se apresenta.

Como este último é apenas aproximado ou semelhante ao caso de referência, a sua solução também vai requerer algum ajuste em relação à solução ótima aprendida. Esse ajuste poderá ser de maior ou menor monta, mas, seja como for, costuma desestabilizar o espírito de quem navegava nas certezas plácidas da tabela dos casos.

Ainda assim, a despeito dessa necessária adaptação, o nosso ex-aluno, agora profissional, é preciso reconhecer, não se encontra completamente no limbo ou no vazio, em desamparo, sem ter ideia do que fazer ante aquele problema concreto que lhe foi trazido para solução.

Pode ter havido, portanto, com o estudo de *cases*, um ganho significativo de repertório e de capacitação.

Além desse ganho, avaliando pela lente da formação, o estudo de casos de referência permite ao aluno aprendiz uma sensação de proximidade com o mundo do trabalho, de já ir colocando a mão na massa, o que, para muitos, é estimulante e motivador.

* * *

De fato. Parece fazer sentido. Observe comigo.

Se um aluno sai de um curso qualquer com um repertório de cem casos concretos com cem soluções ótimas que lhes correspondem, haverá de se sentir bastante respaldado na hora de encarar os problemas do mundo lá fora. Afinal, pensa ele, com alguma dessas cem referências o tal do problema haverá de se assemelhar.

Esse tipo de formação, porém, tende a treinar o olho para o que é parecido ou igual e a diminuir o destaque daquilo que é discrepante, que não tem nada a ver, que distancia ou torna impertinente a simples adoção de uma solução semelhante à aprendida como referência.

Tendemos a perceber as nuances do mundo a partir de um prisma que nos seja favorável, facilitador e, portanto, redutor de incertezas e temores correlatos. Alguns denominam essa hipótese de "dissonância cognitiva".

Em que consiste?

Estaremos sempre mais inclinados a ver, destacar e considerar os aspectos do mundo para os quais temos diagnóstico pronto, interpretação na ponta da língua, opiniões que transpiram evidência e algum conhecimento concreto para argumentar a respeito.

Em contrapartida, tenderemos a dar menos relevância a tudo que não nos parece imediatamente ajustado, ao que desafia ou põe em dúvida nossas certezas e opiniões.

Em outras palavras, usamos nossa percepção do mundo para confirmar nossas crenças, forçando a mão para fabricar alguma consonância entre a realidade que se nos apresenta em espetáculo e os labirintos de nossos esquemas e categorias mentais.

* * *

Ou seja, se você aprendeu a solução para cem *cases*, saiba que no primeiro dia se deparará com o centésimo primeiro. Este último, na contramão de seus anseios, pode não coincidir rigorosamente com nenhum dos cem que você já estudou.

Desse modo, será preciso que essa capacitação, para além de oferecer a solução ótima daquela centena de casos, outorgue ao aprendiz algum preparo cognitivo para que, por conta própria, consiga encarar um problema inédito e atribuir-lhe uma solução virginal.

Essa última, vale a pena insistir aqui, nem sempre resultará de uma simples e imediata analogia. Afinal, como não cansamos de ouvir e também de dizer, o mundo em que vivemos muda tão rapidamente que acaba por nos jogar no colo situações e problemas impensáveis na semana anterior, que dirá em relação aos tempos escolares.

Caberá ao aluno, portanto, para além dessa capacidade de refletir sobre a centena de casos e soluções bem aprendidas, estar em condições de vencer o medo de começar seu caminho de pensamento sem o apoio das cem certezas. Levar adiante um edifício de pensamento por conta própria, do seu jeito, com mais autonomia e menos submissão às soluções decoradas.

Só assim o exercício profissional será menos repetitivo, enfadonho e redutor de potência.

A necessidade desafiadora de fazer voos solo pelo mundo das ideias pensadas vai, aos poucos, fazendo brotar confiança nas próprias capacidades intelectivas, coragem diante do desconhecido e autoestima por reconhecer-se em aperfeiçoamento.

O contentamento apaziguado com o que já se sabe trará sensação de plenitude por alguns segundos. Mas desmobiliza o modo mais elevado de manifestação de nossa humana energia vital, a saber, o desejo por mais conhecimento.

* * *

Como você pode observar, também neste capítulo estamos em luta contra uma rotina profissional com *happy hour* tardio, restrito ao entretenimento, de mera ruptura e descompressão e, portanto, muito distante do que você vem a ser de mais essencial.

Aqui, a aeronave avança para logo pousar em Confins. Como tenho títulos de nobreza e brasões em cartões plásticos, costumam me colocar nas primeiras fileiras. A aeromoça, atual comissária de bordo, acabou de passar oferecendo um sanduíche de proteína.

Não sou de recusar oferta assim, embora me sinta constrangido por não ter para todos. Vamos encarar o tal sanduíche de proteína. Até porque, fora da aeronave, quase nada tem para todos. Mas aproveito para deixar registrado. O que, na verdade, ia cair bem agora, no lugar da proteína, era um bom sanduíche de rosbife, bem recheado, no pão quentinho.

Questão de comer o que tem e inaugurar o próximo capítulo. Num outro arquivo, de preferência.

Capítulo 20

# ASPARGOS COM GELEIA

O tema dos próximos capítulos é a excelência. O mais filosófico deste livro.

Com efeito. O termo "excelência", tão repetido no mundo das empresas, vem mesmo da filosofia. E da filosofia antiga. Aquela dos gregos, de que você ouviu falar desde a sua escola fundamental.

Em grego, excelência dizia-se "areté". Portanto, "viver em areté" significa viver excelentemente.

* * *

Ora, mas em que consiste a tal excelência de que tanto falam?

Para apresentar essa noção de um modo expeditivo e fácil de entender, arranquemos com um esboço de definição bem próximo do senso comum.

Excelência corresponde ao hábito – ou a uma disposição repetida e constante – de dar o melhor de si no nível de aperfeiçoamento das próprias capacidades em que nos encontrarmos. Trata-se de fazer, com recorrência, o melhor que se pode fazer naquele determinado momento da vida.

Em outras palavras, ainda mais enxutas e diretas, excelência é fazer bem aquilo que se faz. Ou, como dizem alguns filósofos italianos contemporâneos interessados pelos pensadores antigos e particularmente fãs de Aristóteles:

"Fare bene quello che si fa".

* * *

Destrinchemos os diversos elementos dessa noção para facilitar o entendimento.

Em primeiro lugar, como dissemos, a excelência é um hábito. E o que isso significa?

Esse é o nosso desafio deste capítulo. Entender um pouco melhor a noção de hábito.

Comecemos pelo mais aparente. Hábito faz pensar em repetição. Quando, por exemplo, alguém diz que tem o hábito de tomar leite quente com mentruz e mel em noites frias, antes de mais nada está informando que já fez isso mais de uma vez, algumas vezes, muitas vezes até, quando é de noite e faz frio.

Mas fazer mais de uma vez alguma coisa parece pouco para configurar um hábito. Eu já estive em Porto Alegre algumas muitas vezes. Afinal, nas cercanias da capital gaúcha, em Cachoeirinha, reside o editor deste livro, meu amigo Marcial. No entanto, apesar dessa repetição, nunca me ocorreria afirmar que tenho o hábito de ir a Porto Alegre. Tampouco ao Japão, onde também já estive mais de uma vez.

Quer mais? Já repeti visitas ao estádio do Morumbi. Mas tampouco tenho esse hábito. Já houve, repetidas vezes, degustação de moluscos, de doces de ovos, de pizza de brigadeiro, de acarajé etc. Mas nada disso é habitual. De jeito nenhum. Desse modo, para configurar um hábito, é preciso mais do que simplesmente repetir.

* * *

Hábito indica também constância. Isto é, repetir, sim, mas repetir sempre (ou quase sempre) que uma determinada situação se apresenta.

Isso porque, como nos exemplos acima, pode perfeitamente haver muita repetição, mas sem nenhuma constância. Um atleta que realiza doze treinos ao longo de uma semana pode se empenhar em três ou quatro deles. E não nos demais. Nesse caso, houve repetição no empenho. Mas não houve constância.

* * *

E você, que gosta das coisas bem explicadinhas, levanta a mão e pergunta:

– Para haver hábito, é preciso que, em todas as vezes que uma situação se apresenta, haja aquele mesmo comportamento dito habitual?

Pois eu lhe devolvo a pergunta. Afinal, estamos juntos nessa. Não é porque você comprou o livro e eu o escrevi que vou ficar refém dessa sua postura de quem tem crédito irrestrito.

Vamos. Anime-se. O que você mesmo acha?

Bem. Vou dar o meu pitaco só para você não ter que inaugurar a conversa. Eu penso que, se você vincular o hábito a essa condição, o uso do termo vai se tornar restrito demais. Eu tenho hábitos de higiene bastante consolidados. Mas já me aconteceu de pegar no sono sem escovar os dentes. Nem por isso perdi o hábito.

Por isso, no meu entendimento, pode perfeitamente haver hábito sem o rigor do cem por cento.

Mais um exemplo.

Tenho o hábito de estudar todos os dias. Mas se num dia desses, por razões quaisquer, eu não tiver podido estudar, não creio que esse meu hábito tenha se desconfigurado. Continuo tendo o hábito de estudar todos os dias, ainda que tenha falhado em algum.

O mais importante é você considerar que não há hábito quando a prática em questão é apenas episódica ou fortuita.

* * *

Mas hábito não é só uma questão de repetição e constância.

Preste bem atenção agora.

Quando vai realizar pela primeira vez uma tarefa qualquer, você se vê obrigado a prestar atenção no que está fazendo. Dizendo de outro modo, você põe seu pensamento a serviço do corpo para executá-la. Se bobear, você até verbaliza os procedimentos, para não pisar na bola.

Foi assim mesmo que você preparou seu primeiro omelete à moda de Senhora da Hora.

Primeiro eu bato os ovos. São quatro. Um, dois, três e quatro. Muito bem. Agora eu ponho um fio de azeite de oliva na frigideira. Pronto. Um fio deve querer dizer pouco azeite. Feito. Agora eu ponho a frigideira em fogo brando. Isso deve querer dizer que o dispositivo do fogão que indica a intensidade do fogo fica lá pela metade. Ótimo. Agora eu despejo lentamente os ovos batidos na frigideira. Maravilha. Agora que já não está tão mole, ponho os aspargos. Perfeito. São cinco. Agora as ervilhas. Meia lata. Ótimo. Agora já está quase no ponto, posso pôr a salsinha. Acho que vou preferir coentro. Não sou muito fã de salsinha. E, finalmente, o toque de classe: a geleia de pimenta. Está pronto o melhor omelete do mundo. Não deixe secar completamente.

O que aconteceu no preparo desse omelete?

Você acompanhou cada gesto com seu pensamento. Agiu em função do que foi pensando. Trouxe cada movimento para a sua consciência mais plena. Você, de fato, prestou atenção no que estava fazendo. Afinal, foi a primeira vez que preparou essa receita.

* * *

Mas quando falamos em hábito, estamos longe dessa primeira vez.

De fato.

Toda ação – ou modo de agir – habitual dispensa, para ser implementada, um cálculo estratégico plenamente consciente do que deve ser feito, por que e como naquela situação específica. Em outras palavras, havendo hábito, a ação acontecerá, ainda que com baixos níveis de consciência a respeito de seus predicados.

São muitos os exemplos sempre citados sobre esse aspecto do hábito.

O motorista que conduz seu veículo o faz implementando uma sequência rica e relativamente complexa de pequenos gestos, sem precisar enfileirá-los na consciência mais epidérmica.

Todos aqueles movimentos se seguem numa sequência habitual, liberando a mente do motorista para checar os aplicativos de deslocamento, a música preferida de sua *playlist* ou, até mesmo, alguma veleidade bolinatória que os hormônios da vez instigam a arriscar.

Um hábito funciona como uma orquestra harmônica sem maestro. Uma ação que se impõe por dar continuidade a uma sequência preexistente de ações semelhantes. É como se toda a sequência de práticas anteriores se condensasse naquele preciso instante. O hábito, o passado – que já não existe mais –, ressuscita, de certo modo, na prática presente.

Assim, um nadador faz milhões de vezes o mesmo movimento ao longo de sessões intermináveis de treinamento. Na hora da competição, todos aqueles treinos são passado. Não existem mais. Mas cada braçada daquele percurso competitivo só existe por conta do que já foi. Do tiro de partida à batida de chegada, o corpo do nadador dá vida ao que já não é mais.

Bem. Neste capítulo começamos a falar de excelência. Abordamos um de seus aspectos. O hábito. Destacamos a repetição, a constância e o automatismo. Não há páginas para trazer assunto novo. Mas o principal ficou por fazer.

Até aqui falamos de práticas concretas convertidas em hábitos. Da condução de veículos ao treino de natação, passando pela confecção do omelete "Senhora da Hora". Outra coisa bem diferente é a excelência como hábito. Porque a excelência, você sabe, não corresponde a uma prática específica. Mas contamina de valor qualquer uma delas.

É preciso tomar fôlego.

Eu, do meu lado, vou aproveitar e comer o omelete que já está pronto. E olha. Com geleia de jabuticaba também fica muito bom. Sobretudo se você, como eu, gostar muito das misturas de salgado e doce. Que tenha um bom apetite.

Capítulo 21

# ADVÉRBIO NÃO É ADJETIVO

Toda excelência se manifesta por meio de um hábito. Isso já tinha ficado claro.

Pode parecer desnecessário propor o que segue, mas não custa nada. Não é porque toda excelência exige habitualidade que todo hábito é excelente. Tanto quanto toda samambaia ser planta não faz de toda planta uma samambaia. Longe disso.

Com efeito. Não faltam hábitos, presentes na vida de muitos de nós, que nada têm a ver com excelência. Assim, por exemplo, o consumo habitual de substância que anestesia ou traz prazer instantâneo, mas gera dependência danosa.

* * *

Dizíamos no final do capítulo anterior que a excelência tem especificidade curiosa entre os hábitos. Não diz respeito ao que o agente faz, mas, sim, como o faz.

– Acho que não entendi. Como assim, não tem a ver com o que fazemos?

Pense nos hábitos que podemos ter. Por exemplo: temos o hábito de levantar cedo. De nos exercitar. De nos higienizar. De nos alimentar. E tantos outros ao longo do dia. O que é habitual é “o que” fazemos. O levantar, o exercitar, o escovar, o comer etc.

Mas considere agora o hábito da excelência. Esse último não corresponde a nenhuma atividade específica. Uma outra que se somaria às primeiras. A rigor, a excelência é uma habitualidade que pode, digamos, vir junto, simultânea e concomitantemente a todas as outras citadas.

Finquemos os pés no chão do nosso cotidiano. O hábito de estudar todos os dias por três ou quatro horas pode vir acompanhado de um outro hábito, que é o de realizar essa prática com excelência. Claro que a ação de estudar (e ainda mais) com excelência é uma só. Mas duas habitualidades se sobrepõem. A de estudar e a de fazê-lo com excelência.

Qualquer prática habitual – seja ela qual for – poderá ser excelente ou não.

Seria muito estranho apresentar uma lista de hábitos como segue. Tenho o hábito de meditar – medito todos os dias; de me exercitar – faço ginástica três vezes por semana; de me alimentar saudavelmente – só como alimentos orgânicos; e também tenho o hábito da excelência.

Fica claro que a meditação, o exercício físico e a alimentação saudável se traduzem em práticas específicas. Mas a excelência, não. Trata-se de um hábito que, do ponto de vista da prática, é genérico. Tanto que não usamos nenhum verbo que lhe corresponde.

Desse modo, o que caracteriza a excelência como hábito não é o que você faz, mas, sim, de que modo o faz.

Imagine as seguintes práticas: tocar um instrumento, praticar um esporte, desenhar, fazer cálculos matemáticos e beijar (por que não!?).

Todas elas poderão ser realizadas com excelência ou não. Não importa, portanto, se o que você faz é nadar, cantar, compor, desenhar ou calcular. Tanto faz. O que importa para a excelência é como você canta, nada, compõe, desenha ou calcula.

* * *

Para facilitar a sua vida, podemos recorrer à velha e boa gramática.

Aprendemos lá no ensino fundamental que há substantivos, como livro, cadeira, carro, professor etc. E há também adjetivos – que dizem algo a respeito dos substantivos –, como (livro) genial, (cadeira) confortável, (carro) bonito, (professor) velho etc.

Aprendemos também, com nossos queridos professores de língua portuguesa, que há verbos como ler, sentar-se, dirigir etc. E há também advérbios – que dizem algo a mais sobre as ações –, como (ler) atenciosamente, (sentar-se) confortavelmente, (dirigir) competentemente etc.

Esse *flashback* do ensino fundamental nos permite propor que a excelência é uma habitualidade adverbial. Diz algo sobre uma ação humana. Algo além da materialidade da ação, da natureza do movimento, da transformação operada sobre o mundo.

Assim, o professor ensina. Até aqui, informamos a ação. Mas acrescentamos: ensina com excelência, ou excelentemente. Nesse caso, vamos além de simplesmente informar "o que" ele faz. Destacamos como ele faz o que ele faz. Com excelência.

Da mesma forma, o maestro rege. Eis o que ele faz. A sua ação. Agora subimos um degrau. Damos um passo adiante. O maestro rege com excelência, ou excelentemente. Nesse caso, agregamos à informação inicial sobre o que ele faz um adendo, que é a excelência. Seguindo a mesma pegada, o cantor canta, o nadador nada, o pintor pinta etc., e sempre com excelência.

Por isso, dizem muitos especialistas no tema, a excelência é um hábito em dois níveis. Em primeiro lugar, trata-se de um hábito prático. Ou seja, faz alusão a uma prática que se repete com recorrência pela vida afora. Em segundo lugar, é também um hábito modal. Isto é, diz respeito ao modo pelo qual o hábito prático é materializado pela ação.

* * *

Você, que lê com atenção, coça a orelha com um jardim de pulgas a bailar. Não poderíamos considerar excelente um desempenho de alto valor, mas sem habitualidade ou constância?

Agora quem pede esclarecimentos sou eu. Em que você está pensando exatamente?

Estava pensando num estudante que acabou de prestar vestibular. Foi sua primeira vez. Teve um desempenho notável. Não repetirá a prática porque já alcançou seu objetivo. Então eu pergunto: por que não podemos dizer que suas respostas na prova foram excelentes, mesmo não havendo nenhuma repetição, hábito nem constância?

Pois é. Para o senso comum, talvez, até faça sentido. Até porque muitos de nós já fomos brindados com um ou outro "excelente" na caneta vermelha da professora que corrigiu nossa prova. E ela só estava se referindo mesmo àquela prova. Na sua estrita singularidade.

Mas para o entendimento que estamos a ensinar, que tem sua origem na filosofia antiga dos gregos, um desempenho único, episódico, singular, sem nenhuma constância poderá, sim, ter extraordinário valor. Mas não configura o que consideravam ser a excelência.

– E por que não?

Porque excelência é virtude. E ser virtuoso requer alguma estabilidade. É um traço que sobrevive ao particular das ocorrências do dia a dia.

Vou tentar me explicar melhor.

Embora tenha como materialidade substantiva a ação humana, a habitualidade exigida como que confere àquela disposição uma nota de permanência, inscrevendo-a num patrimônio que vai além do simples agir singular daquele dia e transcende para o que somos, ou para aquilo em que viemos a nos constituir.

Desse modo, toda excelência requer uma comprovação mais extensa. Que vincule o agente ao excelente de modo um pouco mais consistente do que o faria uma inédita proeza. A excelência parte do particular, é verdade, mas pretende sugerir muito mais do que uma façanha que nunca mais se repetirá.

– Entendi. Agora ficou claro.

* * *

Não custa passar em revista alguns casos, à guisa de exemplo.

Comecemos pelo mais interessante de sempre. Um professor excelente oferece a melhor aula que sua capacidade – naquele instante de sua vida – lhe autoriza oferecer (ou perto disso).

Se o faz com habitualidade, não precisa ficar em regime de concentração, meditando sobre a necessidade de fazer o melhor. Nesse caso, basta começar a lecionar para que entregue o que faz de melhor.

Muito bem. Essa mesma potencialidade que torna possível ao docente realizar a grande aula, ele a conserva para a aula do dia seguinte, da semana próxima ou mesmo dos anos vindouros.

Um segundo exemplo para desgrudar o olho do próprio umbigo. O jovem jogador de futebol excelente joga o melhor futebol que pode, domingo, quarta, domingo, quarta, domingo. O garoto já mostra que é bom de bola desde o aquecimento. O passe chega quadrado e ele arredonda com aparente simplicidade.

A habitualidade da prática fica clara em eventos amistosos de final de ano, destinados a angariar fundos, cujo resultado vale pouco ou nada.

Muitos são os jogadores que, antes de entrar em campo, até pensam em se poupar. Mas quando há excelência, esta acaba prevalecendo mesmo ante a intenção expressa de relaxar, maneirar, jogar pisando em ovos ou com o freio de mão puxado.

O mesmo vale para um cantor, um causídico, um palestrante, um cirurgião, um pianista. E mais ainda para cantoras, causídicas, palestrantes, cirurgiãs e pianistas.

* * *

Bem. Mais mastigado do que isso, só avançando letra a letra. Vou trocar de capítulo porque me convém. O sábado já vai se despedindo e a aeronave pede licença aos gritos para conseguir pousar no aeroporto de Congonhas, que encerra as atividades às 23h.

Caso não consiga pousar, rumaremos para o aeroporto de Guarulhos. Muito mais distante da minha casa, onde Epaminondas, o gato explicador, me espera para poder voltar a dormir.

Além do bate e volta de longa jornada a Maricá, onde palestrei na linda feira literária da cidade, tenho fome neste momento. Não durmo sem antes preparar uma torta de aveia com maçã cuja receita o moço que fica dentro do celular me jogou na cara pelo YouTube. Disse que é saborosa e não leva farinha. Tampouco açúcar. Indicada para casos como o meu. Senis dos últimos dias.

Capítulo 22

# LUA DE MEL ENTUPIDA

Vamos partir do nível elementar zero. Assim não deixamos ninguém para trás.

Quem fala em excelência está pensando em coisa muito boa. Em algo positivo. Em qualidade elevada. Não há hipótese de algo, por ser excelente, ser ruim.

– Quanto a isso estamos bem de acordo. Se é excelente, é para aplaudir.

Ora, então eu pergunto: o que "boa", "positivo" e "elevado" têm em comum?

– Imagino que todos correspondam a um valor. Identificam o valor de alguma coisa que "vale" bastante.

De acordo. Coisa que vale e não vale pouco.

Mas concordemos. Não há nesses termos – "coisa muito boa", "valor positivo", "qualidade elevada" – muita precisão. Fazem lembrar declarações de amizade em final de churrasco.

Aqui a caipirinha ajuda. Depois dos abraços entre amigos de voz amolecida, que se declaram os melhores de sempre, rola um elogio estendido, rasgado, solto, generoso, mas que não corresponde a muita coisa. O contexto não aceita moderação. Qualquer coisa ponderada inferior ao máximo do exagero é ofensiva. Indica rebaixamento.

– Você é o cara! Você é sensacional! Você sabe que te admiro pra car#lho. Me dá mais um abraço. Eu vou gritar pra todo mundo ouvir o quanto você é incrível.

Toda essa imprecisão, manifesta nos arroubos exagerados e nos adjetivos grandiloquentes, guarda, sim, alguma correspondência com o que a noção filosófica de excelência significa.

* * *

Nos capítulos anteriores, observamos que essa excelência, que requer uma avaliação superpositiva, incide sobre um hábito, uma conduta reiterada e constante. Juntando uma coisa com a outra, concluímos que a excelência é uma avaliação superpositiva de um hábito.

Qualquer leitor poderá se perguntar: mas de onde tiramos essa positividade toda? O que garante que esse ou aquele hábito é tão bom assim? Qual o fundamento desse valor tão positivo atribuído a uma prática reiterada qualquer? Esses gregos, que insistiam tanto na excelência como algo importante para a vida humana, o que disseram sobre essas questões?

Vou pegar você pela mão agora. E você vai se deixar conduzir com alegria. Para que mergulhemos juntos nesse lago acolhedor que é o jeito antigo de pensar. E descubramos de mãos dadas por que esses gregos atribuíam tanta importância a esses hábitos excelentes.

* * *

Comecemos com uma premissa que para eles, gregos, era fundamental. O universo é finito e ordenado. Chamavam-no de Cosmos.

– Em que exatamente estavam pensando para definir desse modo o lugar onde tudo acontece?

Acreditavam que o universo fosse constituído como um organismo vivo qualquer. Tomemos o nosso como referência. Temos um organismo constituído por vários órgãos. Estes, por sua vez, integram o que chamamos de sistemas de órgãos.

Assim, o estômago integra o sistema digestório. E o pulmão, o sistema respiratório. Cada sistema tem a sua função. Cada órgão faz a sua parte, cumpre a sua pequena função e, desse modo, participa, junto dos demais órgãos, do cumprimento da função do sistema de que faz parte.

Cada órgão tem função complementar às funções dos demais órgãos. Se, porventura, um órgão estiver claudicando, isto é, desempenhando mal, ele compromete o desempenho dos demais. Compromete, por extensão, o sistema inteiro. E, por fim, o funcionamento do organismo como um todo.

Um estômago que não digere direito manda para o intestino o alimento num estado inadequado para que este ultime seu trabalho evacuatório.

E olha aí o nosso amigo, cujo corpo compreende – e conta com – esse sistema digestório, às voltas com problemas de prisão de ventre. Justamente hoje, que precisava estar tão livre, leve e solto, em plena viagem de núpcias.

* * *

Não vamos nos alongar na analogia. Basta tirar dela o que mais importa.

O Cosmos deve ser entendido desse mesmo modo. Tudo que existe nesse todo organizado participa do seu funcionamento. O bom cumprimento das diversas funções por parte das diferentes unidades de realidade é condição para o bom funcionamento do todo.

Portanto, a premissa maior é essa. O universo tem uma função, um funcionamento, um desempenho ótimo. E esse desempenho está vinculado ao funcionamento de todas as suas partes. Esse funcionamento é interdependente. As partes, portanto, estão vinculadas em termos funcionais.

Nesse caso, o vento, ao ventar, participa da ordem universal. É preciso que ele vente. Bem como que a chuva chova. E que a maré mareie. As plantas também cumprem seu papel. Bem como os animais. E, em meio a eles, os humanos.

– Mas o que tudo isso tem a ver com a excelência? – diz você, que não gosta muito desses parênteses de divagação que não dizem imediatamente a que vieram.

Pois bem. Olho vivo, porque agora vamos chutar no gol.

* * *

Você vê com clareza que, na natureza, cada unidade de realidade parece ser constituída de modo muito coerente, compatível e alinhado com o que dela se espera.

– Não entendi.

Observe o vento. Se o papel cósmico do vento for refrescar ou polinizar, ele está com tudo. Conta na sua constituição com tudo de que precisa. Sendo ar em circulação, ele refresca e carrega com delicadeza o pólen.

Como pode observar, a constituição dos seres é magnificamente orquestrada com a sua função. Divino alinhamento.

Quer outro exemplo?

– Sempre é bom.

O joelho. O nosso joelho. A função é permitir agachar. Para isso ele dobra. E é uma dobradiça perfeita. Divina. Maravilhosa. De extraordinária sofisticação.

Imagine se não fosse assim. Para evacuar de pé na aeronave, naqueles toaletes minúsculos, seria um Deus nos acuda. E ele acudiu. Deu-nos o joelho. Conjunção perfeita entre o dobrar e a dobradiça.

Assim como o olho é constituído perfeitamente para ver. O coração para bombear o sangue.

Ficou claro?

– Claríssimo. Mas ainda não entendi direito o que tudo isso tem a ver com o tema da excelência de que estamos tratando.

Você concorda que, pensando como pensavam os gregos, um joelho que, por alguma razão, não dobra é um joelho ruim. É um não joelho. Porque dobrar é tudo que o universo espera dele.

Tal como uma vaca. Supondo que o papel cósmico da vaca seja dar leite. Uma vaca que não dá leite é uma vaca de quinta. Uma não vaca.

E, finalmente, um intestino que não peristalta. O coqueiro que não dá coco. Nada disso tem valor. Porque a única fonte de valor de qualquer coisa está na adequação entre a sua existência e a natureza dessa coisa.

– Perfeito. Mas deixando os ventos e as chuvas de lado, bem como os órgãos internos do nosso corpo, nós, enquanto pessoas, também estamos sujeitos a essa regra da integração e da harmonia com o todo?

Claro que sim. Por que haveria de ser diferente?

– Quer dizer que nós também entramos nesse esquema do papel cósmico? E como fico sabendo qual é o meu papel para integrar adequadamente o Cosmos?

Nossa!

Agora estamos no coração do problema. A emoção aumenta. E, com ela, a vontade de mandar ver uma gelatina sabor uva sem açúcar, que quebra bem o galho quando a glicemia mostra suas garras.

Capítulo 23

# CABECINHA E CABEÇÃO

Terminamos o capítulo anterior com uma pergunta muito bonita. Se a natureza é perfeita e nos dá, a todos os viventes, os recursos necessários para cumprir o nosso papel cósmico, como ficamos nós, humanos, sabendo qual é o nosso?

Que maravilha de pergunta! De fato, essa curiosidade nos é bem específica. Uma pergunta estritamente humana. Porque o vento participa do Cosmos ventando. Mas como o vento não faz nada além de ventar, então ele está sempre de boa, integrado, participando com alegria, assoviando até.

– Entendi. Na natureza, tudo só pode fazer aquilo que faz, e isso que faz é o que deve ser feito. Do ponto de vista cósmico.

Exatamente.

– E, no nosso caso, podemos viver de um monte de jeitos. Escolhemos em parte a vida que levamos. E podemos alinhar nossa trajetória ao que a natureza espera de nós ou não.

Essa resposta vai exigir um parêntese meio longo. Mas garanto que vai valer a pena.

* * *

Impressiona a fragilidade do recém-nascido humano. Se abandonado à própria sorte, não vinga.

Infelizmente, é mais comum do que se poderia imaginar. Na rua, no mato, em cestas de lixo, não faltam exemplos dessa máxima crueldade. Édipo, da tragédia de Sófocles, foi largado pendurado de ponta-cabeça no galho de uma árvore. E a ocorrência não é exclusividade da ficção.

A sobrevivência humana requer cuidados. Um alto investimento. E intensa convivência com os que já vingaram. Os humanos precisam aprender a viver a toque de caixa. E isso tem de acontecer com o jogo já começado. Com a vida já em curso.

De fato. Todos os mamíferos se tornam crianças muito cedo e deixam de sê-lo rapidamente, protagonizando um desenvolvimento acelerado na primeira idade. Isso porque costumam ser alvo de predadores adultos. Desse modo, lhes é conveniente tornarem-se adultos quanto antes.

Assim, o antílope, na savana, nasce deitado e em menos de meia hora já está sobre as patas saltitando desengonçado. Permaneceu bebê o mínimo possível. Teve de ficar esperto rapidinho. Sob pena de virar antepasto de algum faminto em almoço de domingo.

O mesmo para a tartaruga que abandona o ovo, ovípara que é, em plena praia e, a caminho do mar, já vai assumindo a sua plena adultidade.

Em contrapartida, nós, humanos, mamíferos como os antílopes, permanecemos bebês por muito tempo. Motivo de alegria para os fabricantes de carrinhos para bebês. Por sinal, cada dia mais lindos e sofisticados, para pais abastados.

E essa lerdeza em deixar de ser bebê não se limita aos neonascidos. Na sequência, permanecemos crianças também por muito tempo. O humano é o mamífero de infância mais longa. Anos-luz da infância de qualquer outra espécie. A adaptação progressiva de um humano no mundo, é preciso admitir, é lenta, custosa e perigosa.

De fato. A fragilidade de um recém-nascido humano exige, para a sobrevivência, um investimento familiar alto, resignado e resiliente. A despeito disso, esse traço de fragilidade infantil permanece, com nuances de cultura, por toda a vida.

Os gestos de carinho, a voz infantilizada, o apego à heteronomia ou o medo da autonomia são alguns indícios dessa reminiscência do infantil no adulto.

* * *

Mas nem tudo é fragilidade e má notícia.

Se o investimento familiar necessário para ensinar a viver – e para proteger – é altíssimo, ele também revela uma faceta de vantagem competitiva em face de outros processos de adultização. O humano desenvolve seu cérebro prodigiosamente após o nascimento, o que não acontece em nenhuma outra espécie conhecida.

Aristóteles sugeria que o humano terá nascido prematuramente. Como se tivesse sido tirado antes da hora do forno que o gestava. Essa é uma ideia que pode merecer análise em termos de evolução.

Em que medida a interrupção prematura da gravidez – comum a todos os humanos – poderia representar vantagem competitiva para a sobrevivência da espécie?

Consta que na evolução da nossa espécie a cabeça foi aumentando paulatinamente de tamanho. Em um milhão e meio de anos ela terá triplicado de tamanho.

As mães parturientes devem conservar-se bípedes. Não podem dispor de uma bacia compatível com esse nível de crescimento. Os humanos que estão por nascer não poderiam contar com cabeças demasiado grandes porque essa dimensão impediria o parto ou, ao menos, colocaria em risco a vida do feto e da mãe. Desse modo, o humano, para poder continuar nascendo, adaptou-se por meio da antecipação do parto.

Assim, o humano nasce com um tamanho de cabeça que permite o parto, mas tem seu cérebro multiplicado consideravelmente após o nascimento. Esse tipo de desenvolvimento pós-parto advém de uma vida ativa cerebral única entre as espécies. Quase tudo depende do que vai acontecer do nascimento em diante.

O desenvolvimento do cérebro estará vinculado às experiências vividas, à consciência do mundo e de si mesmo, às interações com as outras pessoas etc.

Se um gato já nasce intelectivamente pronto para viver a vida de gato, o humano nasce muito aquém das suas capacidades. Terá que desenvolvê-las ao longo dos encontros, das experiências e das interações.

* * *

Mas a minha pergunta continua de pé. Como eu fico sabendo o que a natureza espera de mim?

Ora. Se o joelho é constituído de modo perfeito para cumprir seu papel, a chuva, a maré, o sapo e o resto, podemos supor que também o sejamos. Nós, humanos, também teríamos, de acordo com esse jeito de pensar, uma natureza perfeita e maravilhosamente alinhada ao nosso papel.

– Como assim?

Somos parecidos, mas não somos iguais. Pertencemos à mesma espécie, é verdade; mas não somos absolutamente idênticos. Há o que nos aproxima e o que nos distancia na natureza de cada um de nós.

– E agora?

Ora. Apostemos com rigor na correspondência entre a constituição e a função. Se parte de nós é só nossa e parte é comum a nossa espécie, isso significa que, em parte, nosso papel é comum aos demais humanos e, em parte, é particular ao nosso caso.

– Caramba! Não é tão simples. O que haveria de comum a todos nós que poderia aproximar as nossas funções?

A parte intelectiva da alma, por exemplo. A capacidade de pensar. De articular ideias. De colocar a razão a serviço da vida. Há muito de comum na vida do espírito de cada um de nós.

E o que há de particular?

Você me diz. Já que são atributos particulares, podemos lançar mão de exemplos bem conhecidos.

Se eu lhe perguntar o que a atriz Fernanda Torres tem de mais destacado como natureza...

– O talento para as artes cênicas.

E o maestro João Carlos Martins?

– O talento para a música.

E o César Cielo?

– O talento para nadar.

E os professores Cortella, Karnal e Pondé?

– O talento para ensinar.

E a monja Cohen?

– O talento para elevar o espírito das pessoas.

Posso parar ou quer que continue? Se o vento tem por natureza ser ar que circula e é perfeito para refrescar e polinizar, todos esses humanos são o que são e, assim sendo, são maravilhosos para encenar, tocar, ensinar, nadar, elevar etc.

– Quer dizer que, se eu quiser saber qual é a minha praia no universo, isto é, o que o Cosmos espera de mim, tenho que me conhecer, saber quem eu sou, o que há de pujante em mim?

Você entendeu tudo.

– Mas e a excelência, onde entra?

Exatamente nesse ponto. Para os gregos, tem a ver com o modo como a vida de um humano se harmoniza com a ordem do todo por meio do pleno desabrochar da sua natureza.

– Então podemos dizer que esse legado de talento oferecido pela natureza é de caso pensado.

Agora eu é que não entendi.

– A natureza nos dá potencialidades nesse segmento e cada qual faz o favor de explorá-las quanto puder e do melhor jeito que conseguir. Desse modo, entraremos em harmonia com o resto e participaremos de modo muito contributivo com o funcionamento do todo.

Essa é a ideia.

– Quer dizer que a excelência para os gregos não é uma questão estritamente individual. De sucesso pessoal. Este, aliás, importa pouco. O valor da vida de cada um está no modo como atende às necessidades do Cosmos. Esse último é que importa. Nesse caso, podemos pensar numa vida de sacrifício que nada tem a ver com a realização pessoal.

De jeito nenhum. Aqui você se equivoca feio. Eu explico.

Para os gregos, há uma coincidência entre a harmonia com o Cosmos, o pleno desabrochar da própria natureza e a felicidade. É o que eles chamavam de Eudaimonia. Não concebiam nenhuma felicidade humana numa vida desintegrada do todo.

Desse modo, a vida feliz é a vida em que atualizamos, no talo, nossas potencialidades naturais, indo o mais longe em termos de perfeição que conseguirmos. Com excelência. Mas sempre tendo em vista a harmonia com o todo em que cada um de nós está inscrito e do qual participa.

Perceba que nosso maior dever, o de integração perfeita no todo, também é a condição da nossa felicidade.

– Já entendi aonde você quis chegar. Como pode o tal do *happy hour* ser reduzido a algumas horas após o trabalho de sexta-feira se a felicidade é o único sinal claro que temos da adequação, da pertinência e, portanto, da qualidade da nossa vida? Como chamar de feliz, estatuto mais nobre da vida, uma ou duas horas na semana de distração e de alienação?

Nossa. Estou muito feliz. Com você por perto eu nem preciso continuar escrevendo este livro. Você segue sozinho.

Vamos fazer o seguinte. Em breve o avião pousa em Teresina. Enquanto eu vou dar a palestra, você fica no hotel e manda pau no próximo capítulo. Quando eu voltar, mandamos os dois para a competentíssima revisão da Hebe. Pode ser?

– Só topo se puder pedir uma Cajuína e um pudim de tapioca.

Quantos quiser.

Capítulo 24

# ME DÊ MOTIVO!

O tema deste capítulo é motivação. Tema supersolicitado para palestras.

Por falar em palestra, uma primeiríssima observação precisa ser feita.

Não há, por parte dos contratantes de palestras, em sua grande maioria, nenhum interesse pelo conceito de motivação.

O que se espera desse palestrante externo à organização é que seu discurso cause impacto na disposição ativa dos ouvintes colaboradores. Isto é, que esses colaboradores passem a se empenhar cada vez mais na realização de suas tarefas.

Tanto que a palestra contratada é anunciada como motivacional. Isto é, geradora de motivação. É irrelevante o eventual esclarecimento conceitual a respeito do tema.

Muitos dirão não haver nisso nada de muito surpreendente. Afinal, uma empresa é espaço de produção – ou de serviço. Não é uma escola de pensamento. O que importa, portanto, é a real motivação pelo grande desempenho, sendo irrelevante a maior ou menor clareza cognitiva ou a capacidade de oferecer uma definição satisfatória a respeito.

Tudo isso é verdade. Talvez não importe mesmo a lucidez, mas somente o desempenho e o resultado. Talvez por isso me ocorra indagar – nas reuniões prévias de alinhamento do tema – o que exatamente esperam daquela palestra motivacional.

Afinal, sou um profissional que depende, como qualquer prestador de serviço, de altos níveis de satisfação por parte dos clientes. E aqui a satisfação depende ao menos de alguma aderência aparente entre o teor do meu discurso e o que aquele cliente esperava ouvir.

As respostas oferecidas pelos clientes costumam ser muito parecidas, recheadas de um jargão consagrado no seu meio, indicando clareza e constância em relação ao que efetivamente estão buscando com aquela iniciativa.

– Queremos que as pessoas saiam da palestra com o "gás renovado"; ou "pilhado"; ou, ainda, com "sangue nos olhos e faca nos dentes"; que se tornem "comprometidas e aguerridas"; que batam a "mão no peito" e "partam pra briga" com "fome de sucesso", com "gana", com "vontade".

Ora, perceba que, nesse caso, a noção de "motivação" parece significar uma disposição dos colaboradores a mobilizar muita energia, visando certos resultados desejados por seus superiores.

Sempre contribui para a clareza identificar o contrário do que estamos analisando. No nosso caso, a desmotivação.

Não há motivação quando há presença protocolar do colaborador, mera ocupação de espaço, simples respeito a horário, desinteresse pelos objetivos coletivos, falta de potência ou de tesão na busca dos resultados.

Em contrapartida, o indivíduo motivado encontra-se sempre pilhado, atento, focado, com meios e fins sempre presentes na consciência.

* * *

Chegou a hora de sair do degrau do senso comum, do entendimento comum, e tentar passar para o degrau de cima. Até aqui, tudo que dissemos corresponde rigorosamente ao que qualquer um teria a dizer a respeito do tema.

A palavra motivação é derivada de motivo.

E o que vem a ser esse "motivo"?

Lembro-me do grande professor Tagushi, de Física, do meu 3º ano do ensino médio.

O joguinho do intervalo não saía do empate e havia o combinado de que algum time precisava sair vitorioso. Mas o gol perseguido não saía. Consequência de uma falta de recurso técnico bastante equivalente entre os times.

Não deu outra. Chegamos atrasados para a aula de Física após o intervalo. E o professor Tagushi nos perguntou:

– Posso saber o motivo desse atraso?

Veja. A palavra "motivo" apareceu na pergunta do mestre. O que ele está querendo dizer exatamente ao perguntar sobre o "motivo do atraso"? Como você faria essa mesma pergunta substituindo a palavra "motivo" por outra?

Vamos arriscar. O mestre também poderia ter dito: posso saber a razão desse atraso? A causa desse atraso? O porquê desse atraso?

Desse modo, podemos propor uma definição provisória. Motivo é a explicação causal de uma certa ocorrência ou ação humana. Quando o cantor canta "me dê motivo pra ir embora", está pedindo uma razão para a sua partida.

Desse modo, motivar é oferecer uma razão ou uma justificativa. Tornar uma ocorrência ou uma ação humana justificada – quando já tiver acontecido – ou justificável – quando estiver na iminência de acontecer.

* * *

Você deve estar pensando.

Motivação, no senso comum, é energia. Já nesse segundo sentido, é explicação causal. Aparentemente, esses dois sentidos ou significados não têm nenhuma tangência. Ou, dizendo de modo mais simples, não tem nada a ver uma coisa com a outra.

O meu pai dizia de modo ainda mais brejeiro. Não tem nada a ver o coiso com as calças.

De fato.

Consideremos apenas o segundo sentido. Se motivar é dar motivo, dar uma razão para um acontecimento ou para alguém ter agido desse ou daquele modo, um discurso motivador é aquele que diz o porquê ou a razão das coisas.

Mas a razão "do que" exatamente? O mestre Tagushi pediu o motivo "do atraso". Aqui está claro a que ele se referia. Mas indagar sobre o motivo, ou a motivação, sem informar do que se trata torna a pergunta incompreensível.

Imagine se tivesse dito: posso saber o motivo? Qual a razão? Qual a justificativa? E não dissesse mais nada. Obviamente, nós, alunos, teríamos perguntado: "Motivo do quê?".

Sendo assim, quando um cliente propõe uma palestra motivacional, espera por motivos. E aqui cabe a mesma pergunta: quer que eu ofereça os motivos do quê? De que ocorrência? De que fato? De que conduta?

* * *

Vamos ver se conseguimos, por esse caminho, aproximar o primeiro sentido de motivação como energia do segundo como razão.

Talvez uma palestra motivacional corresponda a um discurso em que são apresentados motivos ou razões (segundo sentido) para que o colaborador passe a agir de um modo compatível com os interesses de quem lhe dá trabalho (primeiro sentido).

Nesse caso, a palestra é motivacional porque apresenta aos ouvintes o motivo pelo qual devem trabalhar motivados, isto é, com um nível de empenho e de comprometimento elevados.

Mas isso não procede. De jeito nenhum. Nenhuma palestra motivacional é contratada por essa razão. Ninguém espera que eu apresente motivos ou razões para uma nova postura ou comportamento. Esperam apenas que eu, por meio do meu discurso, os faça agir de outro modo.

Aliás, seria interessante se a tal palestra motivacional fosse, de fato, indicativa dos motivos de uma nova postura.

Entre os motivos (segundo sentido) de você trabalhar motivado (primeiro sentido), destaca-se a ganância dos donos do capital. Que nunca estão contentes com o considerável patrimônio já acumulado e pretendem multiplicá-lo.

E, para isso, precisam de um choque de gestão, pelo qual a redução de custos e o aumento das receitas são cruciais. O que talvez implique um número cada vez menor de colaboradores dando conta das mesmas tarefas que antes eram administradas por mais gente.

Mas essa motivação (no sentido de razão ou causa) não motivaria ninguém (no sentido de disposição e energia).

Por isso mesmo, vou degustar as tâmaras israelenses que meu editor me trouxe diretamente de um supermercado de Porto Alegre.

Continuamos no próximo.

Capítulo 25

# RESSENTIDOS X INTEGRADOS

Dizíamos que, para motivar o colaborador – aumentar o empenho, a dedicação, o foco, o esforço e a resiliência na realização de suas tarefas –, é melhor não motivar – apresentar os reais motivos de todo esse dispêndio de energia.

Em outras palavras:

Jogar a luz sobre os verdadeiros motivos da motivação pode dificultar o resultado motivacional pretendido.

* * *

Mas aqui você levanta a mão para ponderar.

– E se apresentarmos outros motivos ou razões para mais empenho, isto é, se motivarmos os colaboradores de outro modo, talvez consigamos obter a mobilização coletiva de energia pretendida.

Suponho que esteja se referindo a motivos ou razões vinculados aos interesses do colaborador. Que lhe permitam obter alguma vantagem ou evitar alguma perda.

Por exemplo.

Um motivo interessante para motivação pode ser uma ameaça: se a empresa não obtiver o lucro esperado, haverá cortes.

Nesse caso, a motivação residiria em não perder o emprego e o salário. Perceba que a motivação (motivo) para a motivação (empenho) não está mais no enriquecimento do outro, do dono do capital. Mas na conservação do próprio emprego. Essa ameaça funciona para todo mundo – ou quase. É muito raro que ao colaborador sejam indiferentes o emprego e o correspondente salário.

* * *

Um outro motivo para a motivação do colaborador é a recompensa. Algo do tipo: se a empresa alcançar os resultados esperados, haverá prêmio para os colaboradores mais eficazes.

– Que tipo de prêmio?

Aqui vale quase tudo. Por exemplo. Um fim de semana dos sonhos, com acompanhante, nas estações termais da Serra de Curundu, com deslocamento rodoviário de luxo, totalmente custeado pela empresa, e hotel meia pensão com quarto standard, às margens do lago da barreira.

Não há nem deve haver prêmio para todos.

– E por que não?

Porque a gratificação do prêmio não reside (apenas) no seu regozijo – no caso, os prazeres que todo visitante das Termas de Curundu sente desde que lá chega. O grande barato do prêmio está na distinção.

Na exclusividade. Na seletividade. Na restrição. No fato de o outro não ter sido premiado.

* * *

Um terceiro motivo interessante para motivar é a promoção. Aqui também não há para todos. Por uma questão de hierarquia funcional em pirâmide, os superiores são quase sempre em menor número.

A promoção é entendida como um motivo óbvio para motivação. Isso por conta do maior poder decisório, da distinção e da remuneração.

Observe, querido leitor ou leitora, graças a você chegamos a uma conclusão curiosa. Dar motivos também pode motivar. Disse curiosa porque, no começo deste capítulo, tínhamos afirmado que dar motivos, sobretudo relacionados ao modo como a receita é distribuída, pode dificultar a motivação do colaborador.

* * *

Desse modo, nos casos que acabamos de apresentar, a motivação, no sentido de dar motivos, pode motivar no sentido de favorecer a mobilização contínua de energia.

Nesses casos, para que possa haver essa mobilização, é necessário que haja consciência do motivo, da razão pela qual você agirá daquele modo. Isso porque, se simplesmente seguirmos o fluxo natural da equação custo/benefício, é bem possível que o empenho nas tarefas fique bem aquém do que esperam os empregadores.

Para que se subverta o fluxo regulado pelo princípio da economia de energia, é indispensável que haja algum entendimento dos motivos, das razões pelas quais o colaborador deve investir para além do confortável, ou, como diz o RH, sair da zona de conforto.

* * *

Uma dificuldade suplementar para o pobre palestrante.

Para que os motivos possam ser motivadores, é preciso que eles sejam entendidos por todas as pessoas como suficientes ou justificadores de um maior empenho, de um gasto de energia adicional. Nada simples quando se sabe que desejos e interesses variam muito de pessoa para pessoa.

Desse modo, é necessário fabricar novos interesses, para que se tornem comuns e possam ser compartilhados. Como o inesquecível fim de semana na Serra do Curundu, local turístico ignorado por todos os colaboradores, mas convertido em paraíso ao longo de uma convenção de vendas particularmente persuasiva.

Assim, será sempre possível sugerir e garantir as delícias de algo a ser degustado por todos. Recorrer a bons argumentos e recursos de persuasão que possam seduzir a galera para além da singularidade dos apetites de cada um.

Acho que já estou ficando desanimado. Melhor deixar essa tarefa para os especialistas. Gente gabaritada para tirar valor da cartola, para convencer os outros das belezas e doçuras de brindes de circunstância, apresentados como motivo amplamente justificador dos novos níveis de dedicação exigidos pela organização.

Enquanto o apresentador mostra as fotos do quarto standard e do transporte rodoviário de luxo, eu vou procurar um delivery de chinês e pedir um porco agridoce. Com aquele arroz que vem com umas paradinhas que dão um colorido. Adoro qualquer coisa agridoce. Adoro porco. Adoro arroz.

Xi. Ainda não acabou o capítulo e eu já estou falando de comida.

* * *

É por isso que, muitas vezes, espera-se de uma palestra motivacional que potencialize motivando com o mínimo. E é exatamente nesse ponto que reside a falácia. Uma histeria, um efeito de multidão, um movimento de massa, uma reação coletiva, um grito de grupo, um arroubo de alienação verdadeira ou integração fingida, sem que precise ficar muito claro o motivo.

E do alto-falante vem o desafio. Vamos ver quem grita mais alto. A turma da direita ou da esquerda.

Ops. Essa divisão do auditório está proibida. Nada de ideologia partidária no espaço produtivo. Melhor ver quem grita mais comparando homens e mulheres. Vixe. Também não. Em nome da inclusão.

Já sei. A competição do grito mais alto fica entre o pessoal do fundo da sala e o pessoal da frente. Seria perfeito se nas primeiras fileiras não estivesse instalada toda a diretoria. Ressentidos *x* Integrados? Melhor não. Calvos *x* Cabeludos? Pior.

– Viu, deixa esse negócio do grito pra lá!

É verdade. Não sei por que eu queria animar a turma com uma competiçãozinha, mas não rolou. Melhor fazer o simples.

– De acordo.

Se está todo mundo gritando o nome da empresa, melhor fazer o mesmo. Não são tempos de arriscar um emprego por conta de alguma lucidez que chame a atenção e quebre o tão almejado espírito de equipe.

Agora sim. O capítulo vai chegando ao fim.

Enquanto o pessoal grita, eu vou preparar meu mingau de aveia. Gosto de sentir o bucho cheio nesse horário das 18h. Para poder voltar a enchê-lo antes de pingar o colírio e adormecer.

Boa noite.

Capítulo 26

# FOGO NOS COLCHÕES

Resiliência é o tema deste capítulo. Claro que estamos nos referindo a uma noção superpresente nos discursos corporativos. Diz respeito a um atributo do comportamento do colaborador muito valorizado e esperado por parte de seu contratante ou superior hierárquico.

Para começar pelo mais simples, considera-se resiliente todo aquele que, habitualmente, não desiste fácil dos resultados que pretende alcançar, não abre mão de conseguir o que busca sem esgotar todas as possibilidades, retoma rapidamente – e com empenho redobrado – suas atividades sempre visando a meta pretendida. O resiliente parte de novo para a briga sem ficar lamentando muito o tropeção que levou.

Fala-se em resiliência sempre que o caminho percorrido é atravessado por dificuldades, obstáculos e revezes que tornam mais difícil o triunfo pretendido. De modo que a noção de resiliência é pouco relevante quando a empreitada é pouco desafiadora, fácil de ser alcançada e encaminhada sem percalços. Ninguém precisa de resiliência passando férias na ilha de Comandatuba na companhia do amor de sua vida.

O resiliente é aquele que sofre, apanha, cai, mas se levanta e segue adiante. Tem, portanto, a capacidade de, ante um apequenamento episódico de potência, recuperar-se para dar sequência ao que vinha realizando.

Perceba, querido leitor ou leitora, que a felicidade aqui, se ocorrer, será em algum outro momento, quando esse espírito de sacrifício resultar em algo positivo.

* * *

Essa noção de resiliência é importada. Não tem origem nas teorias de administração, nem na literatura de recursos humanos, tampouco na psicologia do trabalho. Seu uso primeiro é na física. Refere-se a uma característica dos materiais. Aponta para o particular atributo de certos materiais que, ante um choque, uma deformação, retomam rapidamente sua constituição e forma original.

Uma bola de plástico pode ser deformada pela ação das mãos humanas que dela retiram, temporariamente, sua esfericidade. Essa mesma bola poderá, após a ação humana, recuperar sua forma original. Eis a sua resiliência.

Claro, antes de mais nada, a retomada da constituição original não significa restabelecer o passado, como se nada tivesse acontecido, como se nenhuma mudança tivesse ocorrido. Resgatar rigorosamente o estado da matéria anterior à força deformante de que foi vítima não é uma possibilidade. A resiliência permite uma recuperação da forma primeira sem apagar as transformações sofridas naquele encontro.

De fato. No fluxo dos encontros entre as unidades constitutivas da matéria, nada permanece. E mesmo que nenhuma força externa tivesse incidido sobre esse material, ele tampouco teria permanecido, dado que, internamente, suas partes constitutivas estão em movimento, em choque, em relação e, portanto, em constante transformação.

* * *

Da física, a noção de resiliência foi absorvida pelo jargão corporativo. Nesse novo cenário, resiliente é o atributo daquele que, ante um revés sofrido, coloca-se com rapidez em condições de retomar a trajetória original, a jornada original, o projeto original e, por que não dizer, a sua própria forma original de maneira expeditiva, de modo a não comprometer a eficiência do projeto como um todo.

Portanto, pessoas mais resilientes são pessoas que, diríamos, aguentam o tranco.

É claro que, como acontece com o mundo dos chamados não viventes estudado pela física, todo tranco sofrido pelo humano também deforma, produz dano, despotencializa, magoa.

Entretanto, é fácil notar, sobretudo para especialistas em comportamento humano, há quem suporte melhor esse tranco e, portanto, leve menos tempo para se recompor, para se recuperar e resgatar o prumo original daquele projeto, daquele empreendimento.

* * *

Ocorre-me um exemplo curioso da minha própria trajetória.

Ministrava palestra no interior de São Paulo. Evento de final de ano nos primeiros dias de dezembro. A temperatura era inclemente. O ar-condicionado instalado no local não dava conta de manter algum frescor. Tudo acontecia na parte administrativa de uma fábrica de colchões.

Eis que, lá pelas tantas, após uma boa meia hora de fala, alguém do auditório grita "fogo, fogo". Houve, como seria de se esperar, uma debandada geral. Todos empenhados em debelar aquele incêndio que ainda espreguiçava em suas primeiras labaredas.

Quando dei por mim, já não havia ninguém no auditório. Fosse a ocorrência mais próxima de onde me encontrava, teria, com certeza, inaugurado a lista de vítimas, dada a lerdeza com que consegui reagir.

Em pouco mais de vinte minutos, o fogo estava controlado. Os danos, ainda assim, não foram pequenos, segundo as primeiras avaliações.

Eis que, para minha surpresa, os colaboradores da fábrica foram voltando e rapidamente se instalaram em seus lugares de origem com a expectativa de que a palestra fosse retomada.

Como houve corte de eletricidade, não havia luz, tampouco a incipiente refrigeração. A temperatura que, antes do incêndio, já era bem elevada, naquele momento atingia níveis de sauna escandinava. Lembro-me de que a minha indumentária, isto é, camiseta, camisa, paletó, calça e mesmo o cinto estavam marcados pela umidade do suor.

Ao perceber que os ouvintes se mostravam dispostos a continuar ouvindo, também me dispus a continuar falando. Ainda assim, meu anfitrião ponderou que, se eu julgasse não haver condições para seguir adiante, a atividade estaria terminada e a palestra seria obviamente considerada como dada.

Em resposta, ponderei que o entusiasmo dos ouvintes era tocante, que o fogo e a temperatura não haveriam de levar a melhor naquele duelo feroz e que eu seguiria de onde havia parado.

Foram mais exatos 47 minutos de palestra. Com a roupa colada no corpo, o suor a escorrer do rosto, o ar esfumaçado atravessando o ambiente e impedindo toda a nitidez. Nunca tive nesta vida nenhuma experiência tão próxima de um imaginário infernal.

Nesse episódio houve resiliência da parte de todos os envolvidos. Resgatamos o projeto original, anterior ao incêndio, com a plena consciência de que aquele percalço deixara sequelas sobre todos – houve destruição, medo, desespero, angústia, risco iminente –, mas que nada disso seria impeditivo de alcançarmos o objetivo inicialmente estabelecido.

* * *

Perceba, então, que de certa forma a ideia de resiliência tem a ver com uma disposição para fazer triunfar o projeto original ante qualquer percalço que possa inibi-lo, coibi-lo, representar obstáculo ou indicar a possibilidade de uma renúncia.

Antes de continuar, ocorre-me tomar um banho refrescativo. Curiosamente, não está nada fresco por aqui. Preciso estar menos atormentado pelo relato dos colchões para degustar como merecem as uvas graúdas e sem semente que adquiri ontem e que me aguardam para serem chuchadas num pote de doce de leite escolhido para a ocasião.

Capítulo 27

# ESPERANÇA X TRISTEZA

Há dois níveis diferentes de resiliência. O primeiro é deliberativo. Reside na decisão de continuar a atividade ou de abrir mão dela, sempre ante um revés, é claro.

Em caso de continuidade, passamos para o segundo nível. É, digamos, responsivo, com o perdão do neologismo. Diz respeito à maior ou menor eficiência na retomada. É avaliado pelo tempo que a mente leva para responder ao estímulo do revés e comandar o reinício do processo.

A resiliência ótima, que só existe como referência ideal, corresponde a uma resposta imediata, com zero de intervalo, entre a percepção do revés e a deliberação prática.

* * *

Mas de onde vem essa valiosa resiliência que parece ser atributo só de alguns?

A mesma pergunta pode ser formulada de outro jeito.

Por que tem gente que acusa mais o golpe, demora mais tempo para se recuperar ou até abre mão do projeto por conta de algum inconveniente?

Há quem relacione resiliência a uma certa força mental. A expressão força de vontade também é muito usada. A existência de um comando que conduza o resto do corpo a dar sequência ao que vinha sendo levado a cabo.

Mas não evoluímos muito. A pergunta persiste. O que faz, em alguns poucos, haver esse comando da vontade na resistência a um revés? Qual é a origem desse gatilho?

* * *

Propomos aqui que, para além de disposições genéticas que determinam maior ou menor resistência a impactos apequenadores do mundo, a ocorrência de uma reação resiliente está vinculada ao tipo de afeto dominante ante aquela experiência.

– Não entendi nada.

Eu explico.

Todo aquele que adota uma estratégia ou empreende uma iniciativa para alcançar um fim é afetado de esperança. A esperança de que o fim pretendido seja alcançado. Não acha?

– Sim, claro. Mas em que consiste exatamente a esperança?

Trata-se de um afeto. Isto é, um tipo particular de oscilação de nossa energia vital que conta com uma causa específica.

– Você está querendo dizer que quando alguém tem esperança dispõe de mais energia para viver?

De certa forma. Venha comigo.

* * *

Você concorda que em cada instante de nossas vidas dispomos de uma certa quantidade de energia, de potência para agir no mundo? E que essa potência oscila, porque de vez em quando estamos com tudo e em outros momentos estamos bem acabrunhados?

– Concordo plenamente.

Pois bem. O que você acha que faz oscilar essa energia vital?

– Ora, as coisas que vão acontecendo certamente contribuem para essa oscilação. Quando alguma coisa boa acontece, a gente ganha em energia, fica bem. Em contrapartida, quando a notícia é ruim, a tal da potência de que você tanto fala despenca mesmo.

Ontem mesmo fui à padaria no horário em que sai pão quente. Atrasei alguns minutos por conta de um elevador quebrado e, quando cheguei, já tinha acabado. Fiquei muito decepcionado.

Perfeito. Vamos juntos chamar de alegria esse afeto, que corresponde a um ganho de potência, por conta de algo que aconteceu. E de tristeza o despencar dessa mesma potência. Pode ser?

– Sim, claro que pode.

Muito bem. O que mais você acha que pode fazer oscilar a energia vital de um humano?

– Uai, quando ele fica doente, a energia vital cai. Quando ele se cura e se recupera, essa energia volta a subir.

Perfeito.

O que mais?

– Nada mais me ocorre.

Você concordaria comigo que a nossa potência pode oscilar por conta daquilo que nos passa pela cabeça?

– Como assim?

Você está de boa viajando de ônibus. Vem de BH para São Paulo. Você contempla a paisagem de final de dia que a Fernão Dias oferece. Mas, ao mesmo tempo que você vê o cenário que vai passando, coisas podem surgir na sua mente. Sim ou não?

– Claro que sim. Aliás, a ocasião é propícia para dar uma viajada.

Muito bem. Você concorda que essas coisas que vêm a sua mente não foram conduzidas a ela pela sua vontade. Elas como que vão aparecendo. Como acontece no sonho?

– Verdade. Vão brotando aleatoriamente.

Só lembrando que nem todo pensamento funciona desse jeito. Quando você fazia, ou ainda faz, uma prova de matemática, você determina que a mente realize aquele conjunto de operações que a resolução da prova exige.

– Isso também é verdade. Concluo que há pensamentos forçados pela nossa vontade e pensamentos, eu diria, espontâneos.

Muito bem. Fiquemos com esses últimos que você chama de espontâneos.

Procure resgatar na memória as suas experiências vividas em situações semelhantes. Você está sossegado olhando pela janela e sobrevêm pensamentos do tipo:

"O vestibular está chegando e a preparação foi insuficiente; o novo chefe não vai muito com a minha cara; meu companheiro ou companheira informou que tem se sentido atraído por outra pessoa; o jogo do final de semana é decisivo e o time adversário é muito melhor do que o time para o qual eu torço; essa hérnia inguinal que salta em forma de calombo e dói de vez em quando não tem outro remédio senão operar etc."

Pergunto: ante algum desses pensamentos, você fica de boa como estava?

– Claro que não. Qualquer um deles dá uma azedada naquele momento da viagem.

Maravilha. Usemos as noções aprendidas acima. Você concorda que essa azedada afeta o seu estado geral?

– Claro que sim.

Segundo você, ela corresponde a um ganho ou perda de potência?

– Perda, claro. É uma brochada das boas.

Lembra que nós chamamos de tristeza em caso de queda de potência?

– Sim, lembro. Esses pensamentos são entristecedores. Não há dúvida.

Pois bem. Aqui podemos aprender uma nova noção. Quando essa tristeza, que corresponde a queda de potência, tem como causa um pensamento, ela recebe outro nome.

– Sabia que ia complicar. Que nome?

Temor. Ou medo, para os íntimos.

– Faz sentido. Medo do vestibular, do chefe, do jogo etc.

Muito bem. Vamos manter o cenário da viagem. A paisagem passando na janela.

Só que agora as coisas que lhe vêm à mente são outras. Euforia pelos resultados excelentes em todos os simulados do vestibular, certeza de que você é o favorito para uma promoção, declaração sincera de amor eterno do ser amado, o favoritismo indiscutível do seu time, que não perde uma partida em casa há mais de ano etc.

– Com esses pensamentos na cabeça eu me sentiria muito melhor. Ou, como você gosta de dizer, a potência subiria bastante.

Lembra que chamamos de alegria o ganho de potência?

– Lembro, sim. Mas se a tristeza, quando causada pelo pensamento, não se chama tristeza, eu suponho que com a alegria aconteça o mesmo.

Muito bem. Magnífico. Sabe como denominamos o afeto de ganho de potência que tem como causa um pensamento desse tipo?

– Não tenho a menor ideia.

Esperança.

– Também faz sentido. Esperança de sucesso no vestibular, de promoção, de vitória, de matrimônio feliz etc.

Exatamente.

* * *

– Mas o que tudo isso tem a ver com resiliência?

Nossa. Tudo a ver. Venha comigo agora.

Dissemos que faz sentido falar de resiliência ante um revés. Lembra?

– Sim, claro.

Muito bem. Esse revés, por ser um revés, apequena a potência. De acordo?

– Perfeitamente.

Estamos, portanto, na presença de um afeto de tristeza. Certo?

– Sem dúvida.

Ótimo. Segundo você, o que acontece na mente daqueles resilientes que decidem com rapidez se levantar e continuar?

– Ora, eles se lembram do que estão a buscar e se dão conta de que precisam superar aquele momento ruim para seguir adiante.

Muito bem. E se eles se levantam é porque reuniram alguma força logo após o baque da tristeza, certo?

– Com certeza.

Ora. Como é que nós denominamos um ganho de potência – no caso, em relação ao afeto anterior de tristeza – que tem como causa um pensamento como esse de alcançar o resultado pretendido e a necessidade de se recuperar?

– Você tinha dito que esse afeto é a esperança.

Muito bem. Podemos então concluir que todo resiliente é um esperançoso? Afetado por esperança? E que a força que ele usa para se levantar corresponde à potência correlata ao pensamento de vitória?

– Penso que sim.

Portanto, podemos propor como resposta que a disposição resiliente para seguir adiante decorre da vitória momentânea do afeto de esperança sobre o afeto de tristeza?

– Mas e no caso daquele que desiste?

Ora, nesse caso, houve a vitória da tristeza sobre a esperança, caso tenha havido alguma. E isso, na verdade, quer dizer que o pensamento de vitória veio acompanhado de uma força positiva superior à queda causada pelo mundo percebido.

– Não entendi.

Você recebeu uma notícia triste. Fracasso no vestibular, promoção do seu colega de trabalho, fora do ser amado, derrota por goleada no jogo etc. A potência despenca. Tristeza tomando conta.

Mas aí você pensa: "Isso não vai ficar assim. Começo a estudar hoje mesmo. Ou, na próxima promoção, serei eu o escolhido, porque superarei a todos em desempenho, ou hei de reconquistá-lo".

Nesse caso, de duas, uma: ou você levanta e avança ou surge outro pensamento negando o anterior.

Algo do tipo: melhor aceitar uma faculdade mais fácil; ou esse negócio de promoção são cartas marcadas e não adianta nada se empenhar; ou, ainda, a minha sina é morrer de amor.

Perceba. Quando você retoma a batalha após pensar que no futuro será diferente, o pensamento venceu a notícia triste. E a esperança venceu a tristeza. Por outro lado, quando você se convence de que nada adianta, a notícia venceu o pensamento, e a tristeza venceu a esperança.

Por isso este capítulo termina aqui. Com a vitória da esperança sobre qualquer tristeza que nos tenha surgido pelo caminho. E você concordará comigo. *Happy hour* é hora feliz. E felicidade pode ser o que você quiser, mas, com certeza, não corresponde a nenhuma vida em que a tristeza tenha levado a melhor.

Por isso vamos juntos, de pé. Oh, vítimas da fome!

Resta preparar um arroz tipo gohan bem fresquinho e quente, que foi o que encontrei na despensa, picar presunto bem miudinho, ervilha, cenoura também, só para colorir, descascar duas bananas-prata nem verdes nem demasiado maduras e comer com boca grande de quem não vê a hora de uma nova chance.

Capítulo 28

# PARA MUDAR O MUNDO BASTA EXISTIR

Meta e resultado. São os temas deste capítulo.

Você me pergunta se essa abertura – com as palavras "meta" e "resultado" em sequência – é apenas elucidativa. Afinal, são consideradas sinônimas. Ambas se referem, por exemplo, a ganhos econômicos que colaboradores devem perseguir, individual e coletivamente.

Elucidativo porque enunciar uma em seguida da outra poderia garantir ao autor do livro – que sou eu – a compreensão do leitor – que é você. Garantir de modo absoluto, claro que não garante. Mas duas palavras sinônimas no lugar de uma oferece uma chance a mais para o entendimento.

Assim, caso o leitor ou a leitora engasgue com o significado da palavra "meta" – tomando-a, ali na primeira linha, pelo verbo "meter" na sua forma imperativa –, a palavra "resultado" grudadinha pode ajudar a dirimir a confusão.

Mas será que "meta" e "resultado" são de fato sinônimos como você parece pensar? Será que querem dizer a mesma coisa?

* * *

Pensemos juntos.

Você procura alcançar certos objetivos.

Proponho alguns exemplos triviais, relativos à vida escolar e profissional. Claro que cada um tem os seus.

Passar de ano. Passar de ano sem recuperação. Passar no vestibular. Ser selecionado para um determinado estágio. Terminar a faculdade. Obter um trabalho. Fazer uma pós. E por aí vai.

Para alcançar esses ou quaisquer outros objetivos, você vai agir. Uma ou mais ações, mais ou menos orquestradas, mais ou menos ordenadas, mais ou menos interdependentes, mais ou menos sistematizadas, sempre em função da complexidade do projeto.

O que mais nos importa aqui é que, para alcançar um objetivo, seja ele qual for, você tem que agir.

Agora, preste bem atenção. A realização de objetivos por meio de ações implica sempre alguma transformação do mundo. Nesse caso, uma transformação prevista e desejada.

– Não entendi essa última especificação.

* * *

Veja, nem sempre as transformações que impomos ao mundo resultam de uma ação – ou de um ato de vontade – com esse fim. Você não precisa de um “departamento de planejamento” para impor mudanças à realidade.

Aliás, para transformar o mundo, você não precisa de quase nada. Qualquer ação sua acaba por produzir alguma alteração na realidade.

– Será? Não sei, não. Por exemplo. O que muda no mundo de tão importante quando vou ao banheiro?

Isso de "tão importante" ficou por sua conta. Eu só tinha falado em mudança e transformação.

No caso da sua pergunta, ir ao banheiro pode produzir um esvaziamento interno do seu usuário. Bem como um preenchimento externo de seus receptáculos. Quem sabe até um entupimento de seus encanamentos. O surgimento de um fluxo de água a partir das torneiras, chuveiros e vasos, que esvazia depósitos e molha superfícies. Uma dança de pó no chão do quarto e no ar quando você passa. Emissão de ondas sonoras no abrir e fechar da porta. Bem como nas atividades inerentes a todo trânsito. Alteração odorífica do ar etc.

– Está bem. Já entendi. Toda e qualquer ação muda o mundo de alguma forma.

* * *

Podemos ir além. Você não precisa nem mesmo de uma ação propriamente dita para alterar a realidade. Basta existir.

– Essa eu não entendi. Se eu ficar parado, é claro que o mundo pode até mudar, mas não será por minha causa.

Não estou de acordo. Vamos partir de uma situação concreta para esclarecer melhor.

Você está na praia. Numa dessas do Nordeste, com bastante vento. Está só e solitário. Permanece de pé e parado, contemplando a imensidão do mar, como sugere o clichê.

A alma devastada por um desagravo amoroso. Daqueles de relacionamento paralelo – e já longevo – do ente amado com o melhor amigo, descoberto na crua nudez dos lençóis.

– Ótimo exemplo. Nesse caso, eu não estou causando nenhuma mudança no mundo.

Claro que sim. O vento, quando chega em você, é obrigado a dar a volta. Ele tem que alterar sua trajetória. Se você permanecer nesse lugar, pode fazer surgir uma duna bem atrás de onde está.

Você não percebe, mas ele reclama. Toca a buzina e tudo. Manda sair da frente. E você fica ali como um poste. Tanto que um pouco desse vento não consegue desviar. E se choca contra o seu corpo. Refrescando. Engripando, se estiver com roupa molhada no corpo.

– É verdade. Ficou claríssimo.

Então. Por isso, lá no começo do capítulo, quando eu disse que alcançamos objetivos transformando o mundo, fiz questão de destacar que essa transformação foi planejada e desejada pelo agente transformador. O que não acontece quando você, estático, obriga o vento a desviar do seu corpo.

Em outras palavras, tudo que existe, por simplesmente existir, transforma o mundo, mesmo sendo um vaso de xaxim ou uma gelatina de uva zero açúcar.

– Entendi. Estamos de acordo. Ao falar de metas e resultados, nos referimos a uma transformação do mundo planejada e desejada por nós.

* * *

Dizíamos que esses objetivos, enquanto permanecem objetivos, são desejados por você ou pelo grupo ao qual pertence. Desse modo, alcançá-los corresponde a satisfazer alguns de nossos desejos.

Há uma energia desejante que nos leva a buscar a satisfação de nossos desejos.

– E por quê?

Porque desejos, enquanto não satisfeitos, geram insatisfação. E toda insatisfação incomoda. Pode incomodar muito ou pouco. Mas incomoda. E você fica desagradado. Nessa situação, não seria nada mal eliminar ou reduzir esse desagrado. Por isso, você ataca o desejo que o causa, visando a sua satisfação.

Podemos, então, abordar a questão do desejo desse modo. Pelo seu objeto. E esse objeto falta. Mais do que isso, esse objeto faz falta.

De fato. Só deseja comer quem tem fome e, portanto, carece de alimento. Só deseja beber quem tem sede e, portanto, carece de líquido. E se A deseja B, é porque gostaria de tê-lo, mas ainda não o tem. O desejo, portanto, é sempre na falta do objeto desejado.

* * *

Mas o desejo não é só uma falta. O desejo também é uma presença. Ele também é positivo.

O desejo é energia. É afeto, como a esperança. Corresponde a algo que sentimos diante de um mundo imaginado, cogitado, que gostaríamos que fosse nosso, mas que ainda não é.

E aí, a pergunta que você faz é:

– Mas onde está esse mundo que nós gostaríamos de ter?

Por enquanto, enquanto desejo houver, só na sua cabeça. Caso ele seja satisfeito, a falta é substituída pela presença. Nesse caso, o objeto do desejo se duplica. Além de poder ser concebido, ele pode ser também possuído, consumido, encontrado, incorporado e tudo mais que essa presença autorizar.

Mas, enquanto houver desejo, sempre há alguma falta de mundo desejado. Insistimos no seguinte ponto: o objeto do desejo não falta completamente. Ele se encontra presente no espírito de quem o deseja.

– Não sei se entendi direito essa história de falta no mundo, mas presente no espírito.

Vamos tentar com um exemplo.

João ama Maria, João deseja Maria, João quer Maria para si. João gostaria de ter Maria para si, mas não tem. Ele passa o fim de semana todo sozinho, sem Maria. Ele assiste Netflix sem Maria. Vê o jogo do Bafo (apelido do Comercial de Ribeirão Preto) sem Maria. É nesse sentido que Maria falta. E faz falta para João.

Mas isso não impede que João tenha pensado em Maria de sexta a domingo. Lembrado de quando tomaram sorvete de tamarindo na sorveteria do Geraldo. Imaginado Maria entrando pela porta do seu sobrado, na Barão do Amazonas, propondo um duelo de gamão, propondo prepararem juntos um omelete de restos, pedindo hot dog pelo telefone, pondo-se à vontade etc.

Observe. Nada disso está acontecendo. A não ser na imaginação de João. Por isso eu digo que Maria, embora não esteja em carne e osso ao lado do nosso amigo, está no seu espírito. Ficou claro agora?

– Impecável.

Então perceba que o desejo é formado necessariamente por dois elementos: de um lado, energia mobilizada em busca de um objeto que faz falta; e, de outro, o próprio objeto que, durante a duração do desejo, encontra-se exclusivamente no espírito de quem deseja.

* * *

Não era aqui que eu queria terminar este capítulo. Até porque ainda não escrevi o que mais queria lhe dizer. Mas serei fiel à política de capítulos curtos. Para você não se encher de mim e mandar tudo às favas. A gente se vê no próximo.

Enquanto isso, como aqui não há Marias nem no espírito, nem nos carinhos, vou fritar um bife, sempre cinco pontos para mal (passado), que clama na geladeira por alguma transformação. E vou degustá-lo no aconchego da minha própria companhia.

E esse bife não pretende aviltar vegetarianos e veganos, cujas ideias sobre nutrição e sobre ética na relação com os animais eu respeito muito.

Capítulo 29

# GILFRÁSIA ENTRE FORTES, MOEDAS E NERDOCAS

Toda meta é um objeto de desejo. É o que vínhamos dizendo no capítulo anterior.

E esse desejo pode ser de uma só pessoa ou pode ser compartilhado.

Nesse segundo caso, como é óbvio, mais de uma pessoa disputa o mesmo troféu, aspira bater a mesma meta.

* * *

Nesse caso de metas compartilhadas, vislumbramos dois cenários possíveis: aquelas que são objeto de disputa e as que são objeto de colaboração.

Uma palavra sobre cada uma delas.

No primeiro cenário, das metas em disputa, a mesma meta – enquanto objeto de desejo – é perseguida por mais de uma pessoa. Mas não pode ser alcançada por todos que a perseguem. Poderíamos dizer que não há meta para todos os interessados. Ou ainda, se preferir, que a satisfação de alguns dos aspirantes exclui a satisfação dos demais.

Nesse cenário, os pretendentes são adversários. As suas ações se objetivam num conflito. Cada agente busca alcançar o que está em disputa e, ao mesmo tempo, impedir que qualquer outro o faça.

Nesse caso, as deliberações dos pretendentes são reflexivas. Isto é, os oponentes se posicionam uns em relação aos outros. Qualquer movimento de um enseja reação correspondente dos demais. O recuo de algum deles não aconteceria não fosse o avanço do adversário.

É o caso dos pretendentes de Gilfrásia. Mulher grandona, bem feita de corpo, chamada, com carinho, de Gil pelos amigos que a querem bem; e, com maldade, de Frasão, pela malta do mal, que ataca a todo desafortunado que lhe passa pela frente.

Muito bem. Apesar dos detratores, nossa amiga Gilfrásia é cortejada para matrimônio por três mancebos. Para seduzi-la, cada qual coloca em prática uma estratégia que joga luz ao que imaginam mais lhes favoreça. Levar Gilfrásia ao altar é a meta comum dos três.

Lindauro Fortes se aproveita do aquecimento global e capricha na musculatura, em dorso sempre desnudo; Próspero Moedas circula para exibir patrimônio de veículos e roupas; e Eugênio Nerdocas mostra seus prêmios nas matemáticas e faz afirmações em sequência, todas incompreensíveis a um repertório mediano.

A eventual opção de Gilfrásia por um desses pretendentes permitirá a esse eleito alcançar seu objetivo, bater a sua meta. Mas impedirá o mesmo aos outros dois competidores.

* * *

Num segundo cenário, a busca da meta é compartilhada em colaboração. Não há conflito. Todo eventual sucesso exige complementaridade funcional. O número de pessoas envolvidas no projeto pode variar sem limites.

Por que nesse cenário não há conflito?

Porque, uma vez alcançada, a meta autoriza regozijo coletivo. Isso se dá, por exemplo, entre os jogadores de uma mesma equipe vitoriosa em um campeonato de futebol.

Uma observação. Quando afirmo não haver conflito, refiro-me exclusivamente à mobilização em direção ao objetivo comum. Claro que, no cotidiano, podem surgir cizânias de todo tipo por qualquer outro motivo.

* * *

A natureza do elo que reúne as pessoas em colaboração, com metas comuns, pode variar muito.

Elas podem estar apenas circunstancialmente reunidas desejando a mesma coisa. Como torcedores que frequentam estádio e desejam em comum a vitória do time pelo qual torcem. Ou passageiros de algum transporte coletivo urbano que almejam voltar para suas casas.

– Mas não podemos dizer, no caso dos torcedores, que haja propriamente uma meta. Afinal, quem joga são os jogadores. A meta é deles.

Não é o que pensam os torcedores mais fiéis. Alguns falam em 12º jogador. Acreditam fazer a diferença. Estão convencidos de que a presença massiva no estádio pode interferir decisivamente no resultado da peleja.

– Em alguns casos, é bem verdade.

Esse envolvimento pode terminar com o apito final do juiz. Cada torcedor volta para a sua casa e o compartilhamento desaparece.

Mas pode haver recorrência. Bem como estratégia comum. Que requeira alguma organização. É o caso das torcidas organizadas. Aliás, algumas delas alcançam níveis de organização superiores aos dos clubes pelos quais torcem.

* * *

Uma empresa é uma forma de organização da vida socioprofissional cujos integrantes têm metas a bater. Essas metas são objetivos comuns. Isto é, objetos de desejo compartilhados e perseguidos com base em estratégias e protocolos implementados por grupos com altos níveis de organização interna.

Nesse caso, essas metas, para serem alcançadas, exigem a participação de muita gente, implementando ações regradas e por muito tempo.

Se tudo der certo, o objetivo é alcançado. E, no jargão das empresas, a meta é batida. Muito bem.

Mas em que consiste exatamente "bater uma meta"? O que precisa acontecer para que uma meta seja batida?

Bater uma meta é fazer coincidir a realidade ora percebida com o mundo outrora desejado.

– Não ficou claro.

Bater a meta é fazer acontecer no mundo, transformar o mundo no sentido daquilo que outrora faltava, que era apenas projetado, perseguido. Pelo fato de a meta ter sido batida, esse mundo não falta mais.

A meta batida, portanto, é a realização plena e inequívoca dessa coincidência entre a realidade desejada e a realidade percebida.

– Está tudo ainda meio abstrato.

Fiquemos no jargão do futebol. Um time tem como meta para a temporada vindoura chegar à final do campeonato regional, ficar entre os seis primeiros no campeonato nacional e alcançar ao menos as semifinais das copas de que participar. Incluindo as internacionais. Embora seja uma meta ambiciosa, ela não supõe a conquista de nenhum campeonato.

Está claro até aqui?

Estamos ainda na chamada pré-temporada. As equipes estão se preparando em seus centros de treinamento. Mas a meta já está traçada. Ela é apresentada pelo presidente do clube para toda a comissão técnica.

* * *

Surge aí um problema.

Dissemos páginas atrás que o objeto de todo desejo está exclusivamente circunscrito ao espírito, à mente, ao projeto, mas ainda não é realidade. Portanto, quando esse objeto de desejo se torna realidade, ele desaparece como objeto de desejo. A presença destrói o desejo. A satisfação elimina o desejo.

Desse modo, sendo a meta objeto de desejo, ao ser batida, ela desaparece como meta. Porque bater meta é produzir a presença do que se desejava, fazendo desaparecer o desejo que, por sua vez, requer alguma falta. Assim, bater uma meta – ou alcançar qualquer objetivo – implica fazer desaparecer o desejo.

Aqui, meus queridos, há que considerar uma questão importante. Lembremos que o desejo também é presença. É energia mobilizada. É disposição para a ação.

Ora, se quem bate uma meta elimina o desejo pela posse do objeto outrora desejado, também faz desaparecer a energia mobilizada em torno daquele objetivo que não mais existe.

– Mas e agora?

* * *

Eu é que pergunto. E agora?

Será que o mundo do capital poderia continuar girando se, ao bater uma meta, nos déssemos as mãos e comemorássemos até o fim dos tempos? Afinal, chegamos lá. A meta está batida. A vida agora é sem desejo. Sem mobilização. Sem busca. Sem falta. Em plena saciedade.

– Sabemos que não.

Por isso mesmo, tal como na vida de cada um, um desejo saciado é logo substituído por outro; na vida coletiva, uma meta batida precisa ser imediatamente substituída por outra. Para que o desejo não morra nunca. Para que a falta nunca vire presença em definitivo. Para que a energia vital continue mobilizada. Para que a tal zona de conforto esteja sempre vazia.

Perceba que a alegria e a satisfação com a meta batida, num cenário ótimo de trabalho, não têm duração. Isso porque novas metas devem substituir as primeiras o mais rapidamente possível.

De modo que, se você for classificar o tempo de trabalho em função das categorias falta e presença, desconforto e conforto, carência e saciedade, desejo e plenitude, verá que os tempos da primeira coluna tendem a asfixiar os tempos da segunda.

– Então, de duas, uma. Ou você persegue a meta na frustração ou você bate a meta sem desejo. Afinal, com a meta batida, o desejo acabou de desaparecer. Portanto, ou você deseja o que não tem ainda, ou tem o que não pode desejar mais.

Aí, em desespero, você diz: esse esquema aqui funciona de um jeito que a gente está sempre perseguindo alguma coisa que falta, e, quando essa coisa não falta mais, o que faltava antes é substituído por outra coisa que, nesse instante, ainda falta. E é desse jeito que pode haver lucro e o capital turbinado regressar para quem de direito, isto é, para as mãos de seus eternos donos.

– Ora, não é de se espantar que a hora feliz, tempo de felicidade, seja mesmo depois ou fora dali. Porque, ali dentro, ela parece inviável.

* * *

Portanto, queridos leitor e leitora, leiam-me bem.

Se você busca uma vida feliz no trabalho, trate de conseguir equacionar felicidade com falta, com carência, com desejo, com meta, com mobilização, com busca, com desafio.

Depois dessa, só mesmo uma fatia de queijo gouda com geleia de jabuticaba sem açúcar.

Ou de goiaba mesmo. Já que não há clima para heresias.

Capítulo 30

# PUXADINHO CAPITULAR

Fechar um livro com número redondo de capítulos reforça a aparência de planejamento editorial. Terminar aos 29 não cairia nada bem. Sensação, sem nenhum fundamento, de incompletude.

Desse modo, parece-me de garboso alvitre e de tom afinado usarmos esse puxadinho capitular, complemento paginado gourmetizado, para resgatar um rabicho solto que fora anunciado.

De fato. Tínhamos prometido, em alguma página perdida lá atrás, refletir sobre a sinonímia ou a diferença de significado entre "meta" e "resultado". Ficamos de tal modo entretidos na "meta" que o "resultado" se perdeu no esquecimento.

– Achei ótima a ideia. Sobretudo se houver mesmo diferença entre essas duas noções. Lá onde eu trabalho, "resultado" e "meta" são usados o tempo todo e de modo bastante indistinto. Tipo tanto faz um como o outro.

* * *

Resultado vem do verbo resultar. Como parece bastante óbvio.

Mas o que é exatamente resultar? Não sei se passar do substantivo ao verbo nos ajudará com o significado. Podemos verificar juntos.

Quando você diz que uma coisa resulta da outra, o que está sugerindo exatamente?

– Que essa coisa decorre da existência da outra, advém da outra. Ou, quem sabe, da sua ação ou intervenção no mundo. Uma faz resultar a outra. Sem a primeira, a segunda não pode resultar.

Portanto, o resultado é pretérito, ele é passado. Na gramática, ele é particípio passado.

Veja a frase da minha mãe ralhando comigo aos 7 anos.

– Vai ver o resultado da sua travessura ao quebrar a vidraça. Sua prima cortou o pé.

Eu chutei a bola (onde não devia). Eis a travessura. Essa é a causa primeira. Fiz advir o resultado 1, que já aconteceu, quebrei a vidraça. O resultado 1, por sua vez, ensejou o resultado 2, o ferimento da prima.

O termo resultado aponta para ocorrências do passado.

* * *

Vamos lembrar juntos.

Qual é o particípio passado do verbo comer? Comido. Exatamente. Por isso a feijoada foi comida num piscar de olhos pelos convivas esfomeados. Atenção. A feijoada já foi comida. Estamos no passado.

Perceba que o substantivo comida coincide com o particípio passado do verbo comer.

Qual é o particípio passado do verbo beber? Bebido, muito bem. O bebido é particípio passado. E também é o substantivo.

Observe que, nesses casos da comida e da bebida, enquanto a forma verbal indica ocorrências do passado, a forma substantiva aponta para realidades possivelmente presentes. Assim, a comida que acaba de sair do forno ainda não foi comida. E a bebida que está gelando no congelador tampouco foi bebida.

E vou além. Os substantivos "comida" e "bebida" podem indicar existências futuras. Com a comida que ainda vou preparar e a bebida que ainda vou comprar.

A diferença da comida e da bebida para o resultado é a seguinte: o verbo resultar, ele mesmo, carrega a ideia de algo que já surgiu por conta de uma causalidade qualquer. Não se trata apenas do tempo verbal (particípio passado). Mas também do próprio significado do verbo. Algo que resulta de.

Claro que podemos usar o verbo resultar da forma futura. Como no seguinte caso: "Não temos ideia do que resultará de nossas deliberações". Mas, nesse caso, não nos servimos da palavra "resultado" nem na sua forma verbal nem na substantiva.

* * *

Desse modo, propomos que o termo resultado seja usado para ocorrências pretéritas. Para o que já resultou ou acaba de resultar. Em contrapartida, a meta, como dissemos, é uma exclusividade do tempo futuro. Toda meta já batida não constitui mais uma meta propriamente dita. Desapareceu como tal.

Em outras palavras. Na linha do tempo, concebemos a meta olhando para ocorrências futuras, para o que ainda vai acontecer ou não. E o resultado olhando para ocorrências pretéritas, ou seja, para o que já aconteceu.

Assim, enquanto o resultado é uma realidade de que dispomos em mãos, a meta é um desejo e, portanto, como todo desejo, nos escapa enquanto realidade material.

Desse modo, parece-nos indevido motivar os colaboradores a buscar o resultado do final do ano. Isso implica colocar o passado no futuro. Trata-se de um resultado que ainda não resultou. Um resultado que não pode ter resultado. Falamos aqui de uma meta.

* * *

O resultado de hoje, ou de agora há pouco, pode ter coincidido com a meta de ontem. Ou não.

O resultado pode coincidir com a meta de antes quando houver sucesso. Pode não coincidir quando for superior à meta. O que pode ter valor positivo ou não. Em alguns casos, os excessos geram uma abundância que reduz os preços e os ganhos.

O resultado também pode não coincidir com a meta por lhe ser inferior. O que, infelizmente, é comum. Nesse caso, houve fracasso, de maior ou menor gravidade, em função do tamanho do intervalo que separa ambos. Fracasso parcial, fracasso rotundo, mas houve fracasso.

Tanto as metas projetadas quanto os resultados analisados deveriam considerar com mais rigor os aspectos que eram controlados pelo agente daqueles que escapavam ao seu controle.

Porque ninguém pode colocar nas suas costas o ônus da responsabilidade por aquilo que você não pode controlar.

* * *

E aqui entra uma pitada de aleatório, de sorte e de injusto nesse processo. Porque raramente somos avaliados pelo procedimento, pelas decisões, pelo que fizemos, pela práxis efetiva.

Tanto que a expressão "foco no resultado" é repetida em mantra, enquanto "foco naquilo que depende de você" só encontra abrigo entre os dirigentes que leram os estoicos e conseguiram entender o que estava escrito.

Somos habitualmente avaliados pelo que já aconteceu, pelo resultado. Essa avaliação costuma ter como gabarito as metas anunciadas. Não podemos, portanto, ser sinônimos. Porque uma é a medida do sucesso da outra.

* * *

Bem, por aqui ficamos. Com a certeza de que, enquanto houver metas, haverá desejo, falta e ansiedade. Quando as metas se converterem em resultados, elas não existirão mais como metas. E os resultados ou decretarão o seu fracasso ou serão trocados por novas metas, gerando, assim, uma ansiedade renovada.

Como vocês podem ver, a julgar por essa lógica erótica da busca da prosperidade a qualquer preço, parece bem justificável que *happy hour* seja mesmo depois e fora do lugar onde o trabalho acontece.

Mas, como sempre haverá o que depende de nós, por que não reconsideramos o real valor do trabalho colocando o capital a serviço da vida boa e não sacrificando essa última a serviço da concentração do primeiro?

Hora de partir. E, para concluir, proponho a iguaria melhor do mundo. A galinhada da dona Nilza. Cuja receita ela deixou antes de partir e ir cozinhar para os anjos.

Obrigado pela companhia e até a próxima.